大医传承文库·对话名老中医系列

对话名老中医
中 部 篇

主编　徐云生

全国百佳图书出版单位
中国中医药出版社
·北　京·

图书在版编目（CIP）数据

对话名老中医 . 中部篇 / 徐云生主编 . -- 北京：
中国中医药出版社 , 2025. 6. --（大医传承文库）.
ISBN 978-7-5132-8997-9

Ⅰ . K826.2

中国国家版本馆 CIP 数据核字第 20246CA016 号

中国中医药出版社出版

北京经济技术开发区科创十三街 31 号院二区 8 号楼

邮政编码　100176

传真　010-64405721

廊坊市佳艺印务有限公司印刷

各地新华书店经销

开本 710×1000　1/16　印张 12.5　字数 191 千字

2025 年 6 月第 1 版　2025 年 6 月第 1 次印刷

书号　ISBN 978 - 7 - 5132 - 8997 - 9

定价　58.00 元

网址　www.cptcm.com

服 务 热 线　010-64405510
购 书 热 线　010-89535836
维 权 打 假　010-64405753

微信服务号　zgzyycbs
微商城网址　https://kdt.im/LIdUGr
官 方 微 博　http://e.weibo.com/cptcm
天猫旗舰店网址　https://zgzyycbs.tmall.com

如有印装质量问题请与本社出版部联系（010-64405510）
版权专有　侵权必究

《对话名老中医 中部篇》
编委会

主　编　徐云生

副主编（按姓氏笔画排序）

毕思玲　刘英锋　安文蓉　孙　超
李　捷　李　雪　陈守强　赵　帅
查青林　祝盼盼　徐　亮　徐　赛
部　帅　桑素珍　章美玲

编　委（按姓氏笔画排序）

李　雪　马一铭　马运华　王伟芹
王茂泓　孔洋洋　付新利　邢钰尉
师　伟　伍建光　刘　征　刘松林
刘峰兆　刘常佳　孙振海　纪超凡
李　妍　李　晓　李树弟　李奎武
李雪莹　吴国庆　沈瑛锴　张　永
张　鑫　张夕海　张云晓　张国梁
张俐聪　张凌睿　陈　莹　武继涛
周　灏　赵振锋　倪琳琳　徐灿坤
徐春娟　崔玉志　葛来安　蒋明芹
韩　辉　储浩然

《大医传承文库》
顾　问

顾　问（按姓氏笔画排序）

丁　樱	丁书文	马　骏	王　烈	王　琦	王小云	王永炎
王光辉	王庆国	王素梅	王晞星	王辉武	王道坤	王新陆
王毅刚	韦企平	尹常健	孔光一	艾儒棣	石印玉	石学敏
田金洲	田振国	田维柱	田德禄	白长川	冯建华	皮持衡
吕仁和	朱宗元	伍炳彩	全炳烈	危北海	刘大新	刘伟胜
刘茂才	刘尚义	刘宝厚	刘柏龄	刘铁军	刘瑞芬	刘嘉湘
刘德玉	刘燕池	米子良	孙申田	孙树椿	严世芸	杜怀棠
李　莹	李　培	李曰庆	李中宇	李世增	李立新	李佃贵
李济仁	李素卿	李景华	杨积武	杨霓芝	肖承悰	何立人
何成瑶	何晓晖	谷世喆	沈舒文	宋爱莉	张　震	张士卿
张大宁	张小萍	张之文	张发荣	张西俭	张伯礼	张鸣鹤
张学文	张炳厚	张晓云	张静生	陈彤云	陈学忠	陈绍宏
武维屏	范永升	林　兰	林　毅	尚德俊	罗　玲	罗才贵
周建华	周耀庭	郑卫琴	郑绍周	项　颗	赵学印	赵振昌
赵继福	胡天成	南　征	段亚亭	姜良铎	洪治平	姚乃礼
柴嵩岩	晁恩祥	钱　英	徐经世	高彦彬	高益民	郭志强
郭振武	郭恩绵	郭维琴	黄文政	黄永生	梅国强	曹玉山
崔述生	商宪敏	彭建中	韩明向	曾定伦	路志正	蔡　淦
臧福科	廖志峰	廖品正	熊大经	颜正华	禤国维	

《大医传承文库》
编委会

总主编　谷晓红

副主编　翟双庆　　高彦彬　　丁　霞　　冯全生　　徐云生

统　筹　于　河　　王秋华

编　委　于　河　　窦　豆　　王振东　　刘铁钢　　刘金涛
　　　　　　吴宇峰　　禄　颖　　梁嘉俊　　单晓萌　　薄荣强
　　　　　　庄　园　　余　阳　　叶　桦　　姜　岑　　部　帅
　　　　　　徐　亮　　马淑然　　王　济　　王　宾　　王成祥
　　　　　　王俊宏　　王维广　　王嘉玺　　井含光　　包　扬
　　　　　　司徒红林　刘长信　　刘文平　　孙艳红　　孙晓光
　　　　　　李　艳　　李　雁　　李正富　　李志红　　李海松
　　　　　　李福生　　杨　勇　　杨　倩　　吴　曦　　吴文军
　　　　　　吴国庆　　冷　炎　　张志芳　　陈子杰　　罗　建
　　　　　　孟　元　　侯中伟　　姜　辉　　姜建明　　祝鹏宇
　　　　　　钱俊辉　　倪　青　　徐春娟　　黄旭春　　康　雷
　　　　　　葛来安　　傅　强　　熊丽辉　　魏　然

总 前 言

　　名老中医经验是中华医药宝库里的璀璨明珠，必须要保护好、传承好、发扬好。做好名老中医经验的传承创新工作，就是对习近平所提出的"传承精华，守正创新"的具体实践。国家重点研发计划"基于'道术结合'思路与多元融合方法的名老中医经验传承创新研究"项目（项目编号：2018YFC1704100）首次通过扎根理论、病例系列、队列研究及数据挖掘等定性定量相结合的多元融合研究方法开展名老中医的全人研究，构建了名老中医道术传承研究新范式，有效地解决了此前传承名老中医经验时重术轻道、缺乏全面挖掘和传承的方法学体系和研究范式等问题，有利于全面传承名老中医的道术精华。

　　基于扎根理论、病例系列等多元研究方法，项目研究了包括国医大师、院士、全国名中医、全国师承指导老师等在内的136位全国名老中医的道与术，在项目组成员的共同努力下，最终形成了系列专著成果。《名老中医传承学》致力于"方法学体系和范式"的构建，是该项目名老中医传承方法学代表作。本书首次提出了从"道"与"术"两方面来进行名老中医全人研究，并解析了道术的科学内涵；介绍了多元融合研究方法，阐述了研究实施中的要点，并列举了研究范例，为不同领域的传承工作提供范式与方法。期待未来更多名老中医的道术传承能够应用该书所提出的方法，使更多名老中医的道术全人精华得以总结并传承。《全国名老中医效方名论》汇集了79位全国名老中医的效方验方名论，是每位名老中医擅治病种的集中体现，荟萃了名老中医本人的道术大成。《走近国医》由课题组负责人、课题组骨干、室站骨干、研究生等组成的编写团队完成，阐述从事本研究工作中的心得体会，展现名老中医带给研究者本人的收获，以期从侧面展现名老中医的道术风采，并为中医科研工作者提供启示与思考。"大医传承文库·疑难病名老中医经验集萃系列"荟萃了以下重大难治病种著作：《脑卒中全国名老中医治验集萃》《儿科病全国名老中医治验集萃》《慢性肾炎全国名老中医治验集萃》《慢性肾衰竭全国名老中医治验集萃》《糖尿病全国名老中医治验集萃》《慢性肝病全国名老中医治验集萃》《慢性阻塞性肺疾病全国名老中医治验集萃》《免疫性疾病全国名老中医治验集萃》《失眠全国名老中医治验集萃》《高血压全国名老中医治验集萃》《冠心病全国名老中医治验集萃》《溃疡性结肠炎全国名老中医治验集萃》《胃炎全国名老中医治验集萃》《肺癌全国名老中医治验集萃》《颈椎病全国名老中医治验集萃》。这些著作集中体现了名老中医擅治病种的精粹，既包括学术思想、学术观点、临证经验，又有典型病例及解读，可以从书中领略不同名老中医对于同一重大难治病的不同观点和经验。在"大医传承文库·对话名老中医系列"中，我们邀请名老中医讲述成才故事、深入解析名老中医道术形成过程，让读者体会大医精诚，与名老中医隔空对话，仿佛大师就在身边，领略不同大医风采。"大医传承文库·名老中医经验传承系列"在扎根理论、处方挖掘、典型病例等研究结果的基础上，生动还原了名老中医的全人道术，既包含名老中医学医及从医过程中的所思所想，突出其成才之路，充分展现了其学术思想形成的过程及临床诊疗专病的经验，又讲述了名老中医的医德医风等经典故事，总结其擅治病种的经验和典型医案。"大医传承文库·名老中医带教问答录系列"通过名老中医与带教弟子一问一答的形式，逐层递进，层层剖析名老中医诊疗思维。在师徒的一问一答中，常见问题和疑难问题均得以解析，读者如身临其境，深入领会名老中医临证思辨过程与解决实际问题的思路和方法，犹如跟师临证，印象深刻、领悟透彻。"大医传承文库·名老中医特色诊疗技术系列"展示了名老中医的特色诊法、推拿、针灸等特色诊疗技术。

期待以上各个系列的成果，为读者生动系统地了解名老中医的道术开辟新天地，并为名老中医传承事业作出一份贡献。

以上系列专著在大家协同、团结奋斗下终得以呈现，在此，感谢科技部重点研发计划的支持，并代表项目组向各位日夜呕心沥血的作者团队、出版社编辑人员一并致谢！

总主编　谷晓红

2023 年 3 月

序

中医药根植于中国传统文化，历经千年，成为中华文明的一部分。中医药学，既是独有的治病救人之术，也是特色的大医精诚之道。在中医的历史长河中，一代一代的名医在继承与发展中，不断把中医学理论发展壮大。名老中医，就像古代先贤那样，他们为了中医事业倾其一生，为我们解读经典、创立新说。传承和发展名老中医的经验，便是我们传承和发展中医事业的门径。

我们承担了国家重点研发计划——"基于'道术结合'思路与多元融合方法的名老中医经验传承创新研究"（2018YFC1704100）之课题三"中部地区名老中医学术观点、特色诊疗方法和重大疾病防治经验研究"（2018YFC1704103），本研究选择江西、安徽、河南、湖北、山东等地区的名老中医，用道术结合的理念挖掘每位名老中医的思想品德、价值观念、思维方式、文化精神、学术渊源、学术观点、辨治方法、诊疗技术、用药特点等传承要点。

本书以访谈的形式记录了每位名老中医的访谈内容，分为名医简介、名医寄语和名医访谈三部分，全景式展现了名老中医的风采。我们聆听每一位名老中医讲述自己的成长经历，除了独到的治病救人之术，更有勤求古训、博采众方的治学之道，有知彼之苦、若己有之的医患相处之道，有恪尽职守、精益求精的职业之道。名老中医的传承，并不只是救人之术的传承，更是大医精诚之道的传承，道与术相结合才能完全读懂一个名老中医。我们以道术结合的指导思想，去访谈名老中医，展示名老中医道术风采，为我们这些后学者提供精神能量。

本书出版之际，衷心感谢徐经世、韩明向、伍炳彩、皮持衡、梅国

强、丁书文、张鸣鹤、马骏、张小萍、何晓晖、尹常健、冯建华、刘瑞
芬、赵学印、王光辉、郑绍周各位名中医及工作室的支持与配合。

徐云生

2024 年 9 月 4 日

目 录

第一章 ◇ 徐经世

徐经世，男，1933 年生，现为安徽中医药大学教授，主任医师，第二届国医大师，中国中医科学院学部委员，中医科学院中医传承博士后导师，全国中医药传承博士后合作导师，安徽省首届国医名师，徐氏内科第三代传人，安徽省中医药学会学术顾问。曾任中华中医药学会中医肝胆病专业委员会常委、安徽省中医药学会中医肝胆病专业委员会主任委员。第二、第三、第四、第五、第六批全国老中医药专家学术经验继承工作指导老师，全国优秀中医临床人才研修项目指导老师；安徽省保健委员会资深会诊专家；享受国务院政府特殊津贴；国家中医临床研究基地、国家临床重点专科、国家中医药管理局重点学科学术带头人。

徐经世教授出生于中医世家，受家学熏陶，自幼熟读《药性赋》《医学三字经》等医学启蒙书籍，后师从祖父徐恕甫先生学习《黄帝内经》《伤寒论》等中医经典，系统研究历代方技之术。1956 年，祖父来到安徽省中医进修学校（安徽中医药大学前身）任教，徐经世随祖父一同来到学校进修，1959 年开始临床实践。他对《医学心悟》《医宗金鉴》等新安医著用功尤勤，六十余年来未曾中断，发掘新安医学既往之积淀，渊源深厚，心得独到。

徐经世教授提出了"杂病因郁，治以安中""肝胆郁热，脾胃虚寒"的病机制论和"尪痹非风"等学术观点，总结出"疏肝理气，条达木郁；补益肾水，清平相火；理脾和胃，和煦肝木；活血化瘀，燮理阴阳"的三十二字调肝法，以及"护脾而不碍脾，补脾而不滞脾，泄脾而不耗脾"和"补不峻补，温燥适度；益脾重理气，养胃用甘平"的调理脾胃之"三原则、四要素"，为内科疑难杂症的临床诊疗开辟了新思路和新方法。其用药尚平和，注重双向调节，善用反佐和药对，研制了"扶正安中汤""消化复宁汤""迪喘舒丸"等多个特效专方。

徐经世教授在糖尿病、传染病、消化系统疾病、风湿病、妇儿科病、肿瘤等多种疾病的诊治上富有成效，为国家中医临床研究基地重点病种（糖尿病）、国家临床重点专科（中医传染病）、国家中医药管理局重点学科（中医传染病）的学术带头人。主持和指导国家级及省部级科研项目5项，获安徽省科技进步三等奖2项，科技成果2项。出版《徐经世内科临证精华》《杏林拾穗——徐经世临证经验集粹》《国医大师徐经世医论医案撷菁》《国医大师徐经世》等多部临床专著。徐经世教授临床用药精简，疗效显著，患者遍及国内外，徐经世教授今已年过九旬，仍坚持每周两天门诊及病房疑难病症的会诊，对待每一位患者、每一次处方遣药都一丝不苟、反复思虑，从不草率。

在学术传承上，徐经世教授将祖父徐恕甫的遗著和自己的经验毫无保留地整理成册，公诸世人，将家藏的孤本古籍医书无偿捐献给国家。2022年他拿出自己的大部分积蓄在安徽中医药大学设立"经世奖学金"用于培养中医临床人才，激励后学者。徐经世教授言传身教，孜孜不倦，培养出众多本科生、硕士研究生、博士研究生、师承高徒等不同层次的中医人才。2006年，他获得中华中医药学会"中医药传承特别贡献奖"。

名医之路——坚韧不拔，用坚持抵达学术高峰

访谈者：您是怎么走上中医之路的？

徐经世：回顾我的医学成长之路，是由承接家学而起的。如果追溯到祖辈，便是"以仕为民、以儒育人、以医救人"这三段立身处世的家学。虽然时代有所变迁，但总体走向非常明确。当我承接家技时，正值新中国诞生，无论什么职业都是为了人民服务。于是我从儒家学堂走上了承接家技之路，跟随祖父徐恕甫习医。

访谈者：在您一路成长为名中医的过程中，有哪些人对您产生过重要影响？具体是什么影响？

徐经世：祖父的行医准则让我树立了坚定的信念。当时祖父虽然是个体开诊，但祖父对待患者，无论老少，一视同仁，从不计较诊金，对贫困患者更是免费施医施药，始终如一。祖父的仁术精神在我的脑海中留下了深刻的烙印，使我在初入医门时就受到良好的医德熏陶，让我"成为良医"的信念更加坚定，引领着我一路走到今天。

访谈者：您认为作为一名优秀的中医，应该具备什么素质？

徐经世：作为中医药人，要有对道德的自觉，对患者的仁爱，对事业的不倦。习近平总书记用"敬佑生命、救死扶伤、甘于奉献、大爱无疆"16个字，概括了广大卫生与健康工作者的精神，这是对医护工作者的赞扬和鼓励，更是我们医疗从业者必须遵循的原则。

职业认同——勇于担当，积极应对

访谈者：能谈谈您对医生这个职业的态度和看法吗？

徐经世：医生这个职业的宗旨是全心全意为人民服务，是在解除患者痛苦的过程中培育仁心、锤炼品格，从而修炼成为良医。这是修身的追求，要求从医者应具备强烈的责任感和奉献精神。

访谈者：您是否关注国内的一些公共卫生事件或情况？您是如何应对的？能举个例子吗？

徐经世：中医参与防治瘟疫，首先要认识疫情的原因，比如某次的流行病属于中医什么病的范畴。只有有了正确的认知，才能制定出正确的方案，否则难以应对。例如传染性非典型肺炎（SARS）和中东呼吸综合征（MERS），是一个由很大病毒群体导致的疾病。这类病毒在动物体内很常见，但对人类来说，就是传染性较强的病毒，通过人与动物的密切接触导致传播。根据中医学理论，这类病毒不属于"六淫"邪气，而是一种由"戾气"导致的"瘟疫"，其传染途径是通过口鼻而入，发病迅速，病情严重。对其认识自《黄帝内经》而下皆有论述，至明代吴又可在《温疫论》中指出："瘟疫之为病，非风、非寒、非暑、非湿，乃天地间别有一种异气所感。"

对于疫情，需要从多角度进行分析研究，加强防控，而关键在于人体自身。正如中医经典《黄帝内经》所言："正气存内，邪不可干，精神内守，病安从来。"明确治疗方法，首先要从辨证说起。关于新型冠状病毒感染，从患者症状表现分析，首袭于肺，症情重笃，属于一种"直传"，应按照卫气营血去辨证分析。患者往往伴随腹泻症状，可以从"肺与大肠相表里"来分析。这是毋庸置疑的。在治疗时，应着眼于肺，肺居于上，取方用药，当宜轻灵，注意兼辟，应遵循湿郁化热、热极成毒的原理，治疗分轻重，并在临床时随机应变，密切观察。同时，临床诊治时还要注意"因时因地因人"而异的治疗原则。

学成中医——谦逊豁达，对学术观点兼听并蓄

访谈者：您认为您学习和从事中医可以分为哪几个阶段？能介绍一下不同阶段您学习和研究中医的方法吗？

徐经世：我的医学成长之路是由承接家学而起的。从我由儒家学堂走上承接家技之路，跟随祖父徐恕甫习医，祖父的行医准则、仁术精神在我的脑海中打下深深的烙印，让我在初入医门就得到良好的医德熏陶，坚定了"便

为良医"的信念。这可谓是我承接家技的第一步。

第二步是如何学习的问题。前贤有言，师徒相承，别无秘法，除熟读经典之外，每日临证抄方，释疑解惑，数年之后，自然得其薪传。抄方是一项基本功，抄写一遍留下的印象会很深刻，而保存下来的医案又便于反复揣摩。这里强调的是不要过分相信自己的记性，以为看一眼便全知其然，其实不尽然。我自己的感悟是：要想求得真知，必须亲自求索。孟子有云："君子深造之以道，欲其自得之也。自得之，则居之安；居之安，则资之深；资之深，则取之左右逢其原。"只有将严谨的学风和学术功力结合在一起，才能在医学学习中达到自得的境界。如此之言，唯有一丝不苟，勤奋扎实地研习、探索中医之理论，才是"真得"之道。

初学的起点是跟师抄方学习，但要紧接着读书，所谓"书读百遍，其义自见"。这告诉我们读书必须熟读，治学之道，贵在熟读。因为有些内容对初学者来说似懂非懂，但其并未真正理解，所以必须通过深入阅读才能理解。跟随老师学习的途径是由浅入深地学习理论知识，这样更容易学有所成，与现代课堂讲授相比更胜一筹。虽然师承教学不够系统，但它最贴近临床，能将理论与实践结合，让求知者感受到理论指导临床的重要性，并认识到只有重视临床，才能理解书本知识与临床实践相辅相成的关系。通过阅读，不仅可以融会贯通所学的各种知识，还可以时常回过头去重读已读过的书籍，亦会有不少新的体会。

从师，通常是紧跟一位老师学习技艺或知识，虽然有其局限性，但至今仍被效仿，其可取之处在于所学内容比较专一。特别是对于入门者，专一具有一定的意义。初学者在认真思考并勤于临床的同时，要注重博采众长，取他人之长补己之短，丰富自己的知识储备。从专一到有所成就，还需开阔视野，这是求知的重要一环。要深知学习中医贵在于"悟"，因为知识分为意念性知识和记忆性知识，中医则属于意念性知识。这种"意念"实质上就是"悟"，而且需要建立在熟读经典和丰富临床实践之上。我认为要"悟"，更需要带着问题去"悟"，即以问题为导向，以症状为导向，这是必然的要求，切不可忽略。

学习对我来说是踬步前行的过程。在走过前两步后，第三步（1956年）成了我学习的转折点。当时，我被组织推荐到安徽省中医进修学校（安徽中医药大学前身）学习。祖父也受聘于该校任教，他是民主人士，新中国成立后成为我们县人民委员会委员，1957年成为安徽省人大代表。这使得我们家族传承的私教模式发生了变化，我的学习从跟师模式转变为课堂学习。通过一年的系统理论学习，我毕业后留校继续深造两年。这段时间，除了随祖父在门诊实习和每隔一周去解放军一〇四医院、解放军一〇五医院及工人疗养院会诊外，我还受到温病学老师高翰府先生的指导，并不定期得到王任之、陈粹吾两位知名老中医的教诲。这大大丰富了我的知识体系和临床能力。1960年，安徽中医学院附属医院成立，我成为一名住院医生，承担起住院和门诊等繁重的临床诊疗任务（并兼任临床教学秘书）。回想起来，那是对我的磨炼，正是有了过去的锻炼和积累，才有了今天的收获。那时我正值而立之年，意气风发，不知疲倦，有时甚至连续工作24小时（当时是六个工作日）。受到祖父的熏陶和声誉的影响，当时我的门诊患者也时常出现排队挂号的现象，有时还难以满足患者的需求，这对我是极大的激励，促使我不断努力，不断提高。时至今日，我依旧初心未改，追求未止。我的中医之路就是这样走过来的，师承相继，可以说沿传三代。现以师承授受来说，亦可称五代。

访谈者：您觉得中医经典在学习中医过程中起到什么作用？您是如何学习中医经典的？

徐经世：研读经典对于学习中医而言，可谓是一条捷径。大家公认的中医"四大经典"（《黄帝内经》《伤寒论》《金匮要略》《神农本草经》），学习中医必须认真研读。其他历代名家的著作也需广泛阅读，厚积薄发，由博返约，这是读书成才的必然过程。学习经典要过"文字关"，打好古文基础，对学习中医非常重要。俗话说："秀才学医，笼中捉鸡。"因为经典都是用文言文书写，有些文字古奥晦涩，或是遵儒家之意惯用春秋笔法，所以要了解经典成书年代的文辞用法，并通晓古代朴素的唯物辩证观哲学，应于无字处用功。读书的同时，又要注重思考，不应有口无心，泛泛而谈，谨守"学而不思则罔，思而不学则殆"之戒。如金元四大家中的朱丹溪，清代乾隆时期的御医黄元御，二人在三十岁前都是专攻儒学，专心科举考试，国学功底深厚，后来学医得心应手，均成一代大家。

又由于古代医学典籍中往往粗精并存，读"经典"要沉潜其间，仔细品味，去粗取精，透过文字表象，着重领会其精神实质，才能得其真知。但又要注意到经典的时代特性，不能完全用现代人的思维去苛求经典直观朴素的描述。读经典，贵在学习古代医家的辨证思维方式，做到"不苛责古人，不死于句下"。

善治肝病——精勤不倦，提出治疗肝病的新思路

访谈者： 您如何理解肝癌的？核心病机是什么？都有哪些常见证候？您在临床上是如何治疗的？有哪些常用方，核心方药？针刺、手法？或其他疗法？

徐经世： 肝癌的病机关键在于人体正气不足。正如张元素所言："壮人无积，虚人则有之。脾胃怯弱，气血两衰……皆能成积。"《医宗必读》载："按积之成也，正气不足，而后邪气踞之。"何为正气？正气是人体生命功能的总称，具体而言，人体五脏六腑的气血、精神、营卫、元阴元阳、津液、经络运行等，均属"正气"范畴。然而，人体正气主要来源于先天，又依赖于脾胃的滋养。脾为后天之本，气血生化之源，主运化津液与输布水谷精微，充足先天，供养机体。因此，培护脾胃是扶持正气的重要环节。因肝主疏泄，人体脏腑、经络、形体、官窍的功能活动全依赖于气的升降出入运动。肝的疏泄功能失常，则人体脏腑气机升降失调，由此可见，肝在人体脏腑中居于重要地位。若肝的疏泄功能失常，首先影响脾、胃气机的升降运动，从而导致脾运化功能发生障碍，气血生化无源。另外，肝与肾为母子关系，肝主藏血而肾主藏精，肝主疏泄而肾主封藏，二者之间存在精血同源、藏泄互用及阴阳互滋互制的关系。肝病日久必然会累及肾而出现肾精的封藏与排泄障碍，从而导致元阴元阳的不足，进而引发肝肾亏虚、水不涵木的病理变化。由此可见，肝病的发生发展与脾、肾的关系最为密切。脾与肾，一为先

天之本，一为后天之本，后天之本滋养先天之本并濡养肝脏，使肝之气血充足，肝体得以濡养。而脾、肾功能的正常发挥又依赖于肝之疏泄和藏血功能的正常。肝、脾、肾功能失常，则人体气、血、精、津、液、元阴元阳、水谷精微的生化和代谢发生障碍，不仅使人体正气难以充养，还会导致气滞、血瘀、痰凝、湿阻等病理变化，日久结聚成瘤。

肝癌的病机虽然时常变换，但仍有规律可循：本病的病位虽在肝，但初期常累及中焦脾胃。肝癌患者脾胃损伤最为常见，对疾病的进展及预后也最为关键。肝癌患者经过手术及化疗等治疗后，常出现乏力、食欲不振、腹泻便溏等脾胃损伤的表现。手术、化疗、药物等不仅会直接损伤脾胃，肝病日久也可以延及脾胃。此外，久病之人常表现出焦虑、恐惧、忧虑等志虑不伸之状态，也可影响脾胃的气机。久病导致人体正气不足，邪气内侵或因饮食失节、情志失调导致肝失疏泄，中焦脾胃受损，脏腑功能失调，则无法祛邪外出，进一步导致气滞、血瘀、痰凝、湿阻等病理变化。随着病情发展，脾胃受损，气血生化无源，无法濡养肝体，日久肝体由实转虚，并累及下元，出现肝肾亏虚的病理表现。总之，肝癌以正虚为本，初期正气尚存，呈木旺土虚之势；随着病情的演变，肝体由实转虚并累及下元，呈现肝肾亏虚之象。同时，由于肝、脾、胃、肾等脏腑功能失调，可出现气滞、血瘀、痰凝、湿阻等病理产物，呈正虚邪实之势。

根据肝癌正虚为本、邪实为标的病机，以及疾病初期木旺土虚、病久累及下元的演变规律，我确立了扶正祛邪、分期论治的基本治疗原则。治疗初期以调和中州、培土达木为主；病久则应滋水涵木，濡养肝体。

调和中州，培土达木。肝癌虽然病位在肝，但与脾胃的关系最为密切。脾胃同居中焦，是后天之本，气血生化之源。脾主升清，胃主降浊，共同完成水谷精微的吸收和转运。因此，李东垣在《脾胃论》中指出："在人则清浊之气皆从脾胃出……清阳出上窍，浊阴出下窍。"二者一升一降，升降相辅相成，从而维持人体的升降平衡，一旦失常则百病丛生。正如《脾胃论》中提到："百病皆由脾胃衰而生也。"从我在临床接诊的肝癌患者来看，临床主要表现为乏力、虚弱、食欲缺乏、腹胀、腹泻、心神不安等症状。因此，针对这些症状，治疗应以扶正为主，而此时扶正的关键在于调节脾胃的运化功能，恢复肝胆、脾胃的升降出入运动，使人体恢复阴阳平衡，则疾病可愈。正如《景岳全书》所言："善治脾者，能调五脏。"

结合临床实际，我创制了具有扶正安中、调肝和胃功效的扶正安中汤（包括生黄芪、酸枣仁各30g，仙鹤草、怀山药、橘络各20g，石斛15g，灵芝、绿梅花、无花果、姜竹茹各10g，炒谷芽25g）。方中生黄芪补气升阳，具有宣通之力，故补而不滞，适宜于肿瘤患者。仙鹤草养血调血，配合益气养血药可起到补虚扶正之效。怀山药性味甘平，能健脾固肾、补气除滞，具有抗肿瘤、增强免疫的功能。石斛性轻和缓，能补虚、生津止渴、厚理肠胃，同时具有抑制肝癌细胞增殖的作用。绿梅花、炒谷芽醒脾和胃、芳香开郁，直以安中。无花果收涩止泻、润肠通便，现代药理研究还发现其具有抗癌作用。灵芝不仅具有抗肿瘤作用，还具有增效减毒、提高免疫力的作用。方中酸枣仁意在宁心而安五脏，进一步增强"安中"之效。橘络以降逆和中、和络护胃；姜竹茹宁神开郁、清热化痰，调和诸药，使胃易于受纳。对于肝癌等肿瘤术后患者，我常以此方加减化裁，治以调和中州、培土达木，达扶正安中之效。方药虽平淡，但治养结合，切中病机，可收佳效。

肝癌日久，肝体由实转虚并逐渐累及下元，临床多见乏力、腰酸、口干、腹胀水肿、舌红少津、脉象弦细等表现。此时宜滋水涵木、濡养肝体，多采用一贯煎合二至丸加减，药物组成包括北沙参、仙鹤草、丝瓜络各20g，炒白芍30g，石斛、女贞子、墨旱莲、麦冬各15g，炒黄连3g，干地龙10g，酸枣仁25g，生甘草6g。方中北沙参味甘、苦，性微寒，体质清润，可升可降，滋养肝肾，有养金水以制肝用之效；与麦冬合用可濡养肝体，与仙鹤草合用益气养血。炒白芍味苦、酸，性微寒，用之可敛阴益营、柔养肝体；合生甘草则为芍药甘草汤，具有酸甘敛阴、缓急止痛之效。方中炒黄连取其性以泻心火；酸枣仁甘、酸、平，具有养心益肝、安五脏等功效，与黄连合用则能宁心安神。石斛性平味甘，入肺、胃、肾三经，《本草纲目》言其"性轻和缓，有从容分解之妙"，能开胃健脾、补虚除烦、清胃除热；合黄连、酸枣仁能养胃阴以调心脾。女贞子、墨旱莲名为二至丸。《医方集解》中言：

"女贞甘平,少阴之精,隆冬不凋,其色青黑,益肝补肾;旱莲甘寒,汁黑入肾补精,故能益下而荣上。"故二者为滋肾养肝之主药。肝癌患者常见腹水、下肢水肿,故方中加入和络利水之丝瓜络和利水消肿之干地龙以通利小便。可见本方肝肾同调,补泻兼施,重在扶正气以逐邪外出。

肝病用药宜少而精,临床需注重肝之体阴而用阳的生理特性,用药宜尽量选用药性平和之品,慎用苦寒、峻下逐水、攻毒散结等有毒中药。特别是对于肝癌患者,应以扶正气为主,切不可滥用软坚散结、峻下逐水、活血化瘀之猛剂,妄图一举收效。根据临床经验,我发现软坚散结、活血化瘀等药物往往易诱发肝癌患者出血,从而加重病情。

对于肝癌常见的并发症,可在此基础上灵活加减。合并顽固性腹水者,可加牵牛子、沉香各3g;牵牛子入肺、肾,利水消肿,妙在稍佐沉香下气、引药下行以导邪外出。合并食欲不振者,可加谷麦芽25g,绿梅花20g;正如《医学衷中参西录》所述,谷麦芽"其性善消化,兼能通利二便,虽为脾胃之药,而实善疏肝气。夫肝主疏泄,为其力能疏肝,善助肝木疏泄以行肾气";三药合用能健壮脾胃、疏肝调气,可振奋五脏以助生机。合并转氨酶升高者,则可加用垂盆草15～20g,五味子10g。合并有黄疸者,加用赤小豆30g,茵陈15g以利湿退黄。合并门静脉高压有出血倾向者,可加入乌梅炭10～15g以酸甘敛阴,防止出血。

学术特色——严明病机,辨证立法,随机应变

访谈者: 如果让您总结您自己的学术经验,学术特色,您会怎么说?

徐经世: 我时常告诫我的学生,中医治病要严明病机,辨证立法,在选用方药时又要随机应变,灵活变通。同时在临床上,往往需注意一病多方,多症一方的妙用,以效见证。同一病案先后诊治三次,取方都可不一,而收疗效,可见治病在于应变,问题又在于"悟",道理就在此中。

医患交流——知彼之苦，若己有之

访谈者：您是如何建立良好的医患关系的？在这方面有什么经验？

徐经世：我深知，作为中医药人，要有一种对道德的自觉，对患者的仁爱，对事业的执着。作为国医大师，更需要严于律己，言传身教，决不能因为获得的盛誉和称号而做有辱名誉和不应为之事，要坚守道德高线，把握职业底线。我退休这么多年，虽有许多民营和体制外单位邀请我坐诊，但我都一一谢绝了。因为我认为，如果想发财就不该当医生，医学是良心的职业。正如著名作家林清玄深感医学之道，借良医之言，"看病是救人的事业，不是名利的生意"，此言一语道破为医者应具仁心仁术。为医者若不遵循其道，守住初心就只是一句空话。

传承发展——带好徒，传好道

访谈者：您选拔弟子的标准是什么？您是如何培养弟子的，有什么要求吗？

徐经世：我认为，"徒"要传承好中医，必须过"四关"。

突破文字关。中医古籍文献是以古文字写成的，与现代白话相距较大，且几经辗转，版本繁杂，字词多有缺错，诠释者众多。如果没有一定的古文知识，古籍文献就不易读懂；即使读懂了，也难以深入理解。古今精于医者，无不文理精通。文是基础，医是楼，文理不通则医理难明，学好古文当是学好中医的基本功之一。有些人连《本草纲目》的序言都无法读懂，如何能学好浩瀚的中医经典！

打下经典基础。名医的成长，无不以熟谙经典为本，以奠定学术基础，并在此基础上广泛涉猎各家学说，深入研究医学源流。然而，当前的情况是，大学时学过经典后，很多年后便将经典书籍束之高阁。加强传统文化和中医经典文献的学习，培养传统思维模式，将中医放到传统文化大背景下，才是中医药传承的当务之急。

确立正确的思想观。在中医学习与实践中，要牢固树立中医姓"中"的信念，唯有如此，才能在临床中勇于使用中医，敢于使用中医，进而更加致力于专业技能的精益求精。倘若没有坚定的中医信念，没有顽强的自立精神，没有刻苦钻研的毅力，没有高度的责任感，必然无法成为一名合格的中医，更谈不上成为精诚的大医。作为中医人，要将自己的命运与中医的命运紧紧联系在一起，成为坚定的中医捍卫者。任何反对中医、玷污中医，甚至一些奇谈怪论，都无法动摇一个真正中医人的信念。

尊重传统，勇于创新。过去，学术继承主要依靠师徒传授、私塾教育和自学，这使得人们的交流圈子较为局限；再加上各家技艺秘而不宣，难以为医学界普遍掌握。因此，中医需要与现代院校的规模化教育紧密结合，取长补短，为我所用。在当下循证医学的要求下，医生需要将个人经验与最佳科学依据相结合来做出正确决策，这不仅需要医生具备丰富的知识和经验，还要求医生全面搜集、分析和运用证据，并通过研究创造新的证据。毋庸置疑，创新和开拓精神是实践循证医学乃至中医学的客观需要。熟读经典不仅是为了墨守成规，而是为了继承传统，并在遵循中医思路的基础上进行创新。在中医这个独特的体系中，创新首先应强调在继承基础上的发展，没有继承就谈不上创新。

名医寄语

矢志岐黄，不忘初心；牢记宗旨，忠诚敬业；
仁德仁术，以人为本；知彼之苦，若己有之；
严于律己，宽恕为怀；传承有责，寄望后学。

第二章　韩明向

韩明向，男，1940 年生，第四届国医大师，首届全国名中医，中国好医生，安徽省国医名师，北京中医药大学博士研究生导师，香港大学荣誉教授，第二、第四、第五、第六、第七批全国老中医药专家学术经验继承工作指导老师，国家中医药管理局中医药重点学科（中医老年病学科、中医肺病学科）学术带头人，中国中医科学院学部委员，北京中医药大学王琦书院特聘教授，获"新安医家""华佗医家"等称号。

韩明向教授于 1959 年毕业于合肥医学专科学校。同年考入安徽中医学院。1964 年 4 月至 1965 年 5 月，在上海中医学院青海路门诊部及上海北站医院学习。1974 年 3 月至 1974 年 7 月在上海中医学院龙华医院进修。曾先后任安徽中医药大学第一附属医院中医内科主任、中医内科教研室主任、大内科主任、院长、名誉院长。

韩明向教授从医 50 余年，中医理论造诣深厚，临床治疗效果显著。研究方向为中医内科中医药防治老年病及延缓衰老，主要研究呼吸病、心血管疾病及内科杂病。弘扬新安医学"固本培元"理论，创制寿星宝等制剂治疗老年慢性病，首创"虚 – 瘀 – 衰老"理论，提出衰老的气虚、阴亏、血瘀病机和全身性、渐进性、衰退性特点；首倡肺气虚分度分级，创制治疗慢阻肺的化痰降气胶囊、芪白平肺胶囊等有效方药。首倡心衰病机以气虚为本，瘀水为标，并认为左心衰以气虚为主，右心衰以瘀水为主，创立治疗心衰的益气、活血、利水三法。

韩明向教授率领中医内科团队获批安徽首个中医重点学科，并带领肺病学科获批国家中医药管理局重点学科。中医内科学的五个三级学科成功获批国家卫健委或国家中医药管理局的重点学科、专科。在担任医院院长和学科带头人期间，他率领中医心、肾、脑、肺病学科获批国家中药新药药理基地，为中医临床科研搭建了平台。他主持和参与省部级以上课题 10 多项，并获得多项省部级以上科技奖励，主编论著 10 部，发表论文 240 多篇。

名医之路——理论与临床的结合

访谈者：您是如何走上中医之路的？

韩明向：1940 年 11 月，我出生于合肥的一个下中农家庭。在儿时，我们每天只能吃两餐，常常为了吃饭而发愁。虽然物质生活匮乏，但精神生活非常丰富。家庭是人生的第一所学校，父母是人生的第一位老师。我的父亲是一位私塾先生，乐善好施，他常常向我们传授儒家的思想和为人处世的道理，如"孔融让梨""精忠报国""己所不欲，勿施于人"及"知足常乐"等。父亲言传身教，耳濡目染之下，我从小就明白了"学如逆水行舟，不进则退"的道理。我勤奋刻苦，仅用四年半就读完了六年制小学。1953 年 9 月，我以优异的成绩考取了合肥市的一所中学。1956 年初中毕业后，我被保送到合肥医科专科学校读书，从此开始了我的医学之路。在校期间，我成绩优异，不仅系统地学习了西医基础理论和临床知识，也学习了一些简单的中医学理论和针灸知识。1958 年 9 月，受淮北矿务局邀请，我被学校安排到距离家乡数百公里的安徽淮北袁庄煤矿，负责诊所医疗及管理工作。工作时主要采用西药治疗患者，但由于当时药物限制及居民的经济困难，西医西药无法处理的患者只得采用针灸治疗。我曾针刺足三里、内关、中脘等穴位，治疗一位患有胆道蛔虫病的患者，仅通过穴位强刺激并留针三分钟，患者症状便缓解。这让我领略到了中医学的神奇疗效。1959 年春，皖北发生浮肿病，我奉命去界首市陶庙镇担任医疗队长，治疗高度浮肿患者。当时几乎没有利尿药，各个乡村医生就用中药五皮饮、五苓散治疗，最终取得了满意疗效。这是我第一次接触中药治疗患者，这给我留下了深刻的印象，并使我对中医产生了浓厚的兴趣。于是便立志学贯中西，以求能更好地为患者排忧解难。1959 年 7 月，我如愿以偿，经过组织推荐进入安徽中医学院，开启了学习岐黄之道的历程。我在校期间学习勤奋，成绩优秀，一直担任班级学习委员。1964 年 4 月，我赴上海实习，师承于上海名医史济柱、针灸专家顾坤一、骨伤科专家石幼山，并得到专家的赏识和肯定。毕业时因为成绩优异，我和其他两位同学一起留校工作。1970年1月，我回安徽医学院附院中医科及新医病房工作，参与医、教、研工作，承担学院学生课堂教学及临床带教的任务，临床主要从事中医或中西医结合治疗急、慢性肾炎、胃痛及消化道出血、血液病、急腹症等。在病房工作期间，我进行了病房的中药剂型改革，先后研制过胆蛔合剂（治疗胆道蛔虫）、镇痛1号、喜树注射液（治疗肿瘤）等，广泛应用于院内外。1972年春，安徽医学院附属第二医院成立，我被组织安排到内科工作。1974年初，我赴上海龙华医院内科进修，曾随当代名医黄文东、徐嵩年等学习。1979年，我成为安徽中医学院第一附属医院内科第一任住院总医师，24小时二线值班，处理急诊及危重疑难患者。其间，我业务考试成绩优异，英语（高级脱产班结业考试）、日语（世川医学奖学金考试）、医古文（晋升考试）均名列第一，并于1981年晋升为主治医师，受到学院领导的表彰。1984年，我任内科副主任、内科教研室副主任、硕士研究生导师，协助老中医带教研究生。当年，我主持了国内第一个减肥药"天雁减肥茶""轻身降脂乐"的临床研究，组织专家对"温胃舒""养胃舒"的药物鉴定。1987年，我任内科主任、内科教研室主任。1994年，我任医院院长、大内科主任、内科教研室主任、内科硕士研究生导师组长。1995年，我作为学科带头人，中医内科学被评为安徽省第一批唯一的中医重点学科。同年，我被原卫生部聘请为国家新药评审委员，被安徽省学位委员会聘为唯一代表中医药学的委员。2001年，我作为学术带头人，中医呼吸内科学被评为国家中医药管理局重点学科，为安徽省唯一的重点学科。

职业认同——大医精诚，德术双馨

访谈者：老师，您能谈谈对医生这个职业的态度和看法吗？

韩明向："搞学问重要，做人更重要"，我认为教育应以德为先，为医当生命至上。在学生时代，我深受老一辈医家"大医精诚"精神的熏陶。在校临床实习期间，我跟随杨雨初老先生学习，他不论贵贱贫富，对患者都一视同仁。在上海毕业实习期间，我跟随石幼山先生学习，他看病时精神专注，从不多说一句与疾病无关的话。因骨伤患者行动不便，他就在候诊室一连询问十几个患者的病情，回到诊室后一字不差地记录下来。对自己的学生，我一直强调："做医生要精诚大医，患者把生命交付于你们，你们必须博极医源，精勤不倦，以精湛医术救治患者。同时要有感同身受之心，大慈恻隐之心，如此方能无愧于医生的称号。"

学成中医——勤求古训，博采众方

访谈者： 您能给后学者赠送几句话吗？

韩明向： 有言："医不贵于能愈病，而贵于能愈难病；病不贵于能言医，而贵于能延真医。"我经常教育弟子："夫以利济存心，则其学业必能日造乎高明，若仅为衣食计，则其知识自必终囿于庸俗。"真正能学成中医的，一定要深谙中医经典，仁心济世，才能够解决患者疾苦。

善治肺病——把握病机，同病同治

访谈者： 这么多年，您治了那么多类型的肺病患者，请您讲一讲，我们应如何从西医或中医的不同视角来思考和认识各类肺脏疾病？

韩明向： 以肺气虚为例，我首倡肺气虚分度，完善诊断标准。《素问·经脉别论》言："肺朝百脉，输精于皮毛。毛脉合精，行气于府。府精神明，留于四脏。"我认为，肺气是人体多种生理功能的综合表现。当肺气的生理功能减退或出现障碍时，临床上可表现为肺气虚的多种证候。通过多年对肺气虚证候的临床观察，结合文献研究，早在20世纪90年代初，我就提出了肺气虚证的分度，从不同角度论述了肺气虚证的部分特征，为全面、客观地认识肺气虚证，逐步完善其诊断标准奠定了基础。我根据肺气虚证临床发生发展的全过程，将其分为轻、中、重度三个阶段。肺气虚证是人体多种生理功能减退和障碍的表现，并具有渐进性、阶段性、多脏器变化的特征。肺气虚轻、中、重三个阶段之间既有病机、病证上的不同，也有发生、发展、演变之间的相互联系。轻度肺气虚证的基本病机是肺的卫外功能或部分主气功能减退。其临床特征为反复感冒或久咳痰白，伴有神疲乏力，少气懒言，恶风或自汗，舌胖或有齿印，脉虚无力。中度肺气虚证的基本病机是肺的卫外功能及主气功能障碍。其临床特征为轻度肺气虚一系列表现的发生频率、持续时间及程度均加重，并表现为气短喘促，动则尤甚。重度肺气虚证的基本病机是肺的卫外、主气及治节功能全面减退或紊乱，导致在中度肺气虚的基础上出现上不能助心行血、下不能通调水道，气机逆乱，升降失常。临床表现为心悸、唇青、舌紫、颈部青筋暴露、尿少、浮肿、腹部膨胀，甚至可见神昏谵语、抽搐、吐泻等。

我认为，痰饮是哮病、喘证、肺胀等慢性咳喘肺系疾病形成的病理因素，总属阳虚阴盛、本虚标实之候。其本在脾肾虚寒，其标为外邪袭肺。素体阳虚复感外邪，痰饮阻于气道，肺气不降而见咳喘诸症。然饮为阴邪，得温则行，遇寒则凝。韩明向执仲景"病痰饮者，当以温药和之"之法，根据新安医学"固本培元"理论，从温辨治咳喘，补脾肾以固本培元。温阳化痰可以培补阳气，阳气足则温煦推动作用正常，而饮邪自除，咳喘自平。痰饮咳喘多病程较长，易反复发作，常因外感诱发，尤以感寒居多，外寒每易引动内饮而见咳喘发作。治疗上既要外散风寒，又要内蠲痰饮。如哮病，我认为在没有合并呼吸道感染的情况下，临床所见的大部分证候为寒饮所致哮病，尤以风寒外袭诱发者为多，证属寒邪郁于肌表，痰气交阻于肺。治哮多从寒哮论治，寒痰伏肺是哮喘发病的主要病理环节，而阳虚（或兼外寒）是哮喘发病的主要原因。另如肺胀，其发生乃肺本虚，复感外邪而诱发，寒邪引发居多。正如《诸病源候论·咳逆短气候》云："肺虚为微寒所伤则咳嗽，嗽则气还于肺间则肺胀，肺胀则气逆，而肺本虚，气为不足，复为邪所乘，壅痞不能宣畅，故咳逆短气也。"我临证喜用射干麻黄汤、小青龙汤等古方，常以干姜、细辛温肺化饮，半夏温利痰饮，麻黄温肺平喘，但切忌一味强调大辛大热之品，更不能妄用过多寒凉之剂；并自拟温肺化饮方（炙麻黄、白芥子、紫苏子、白前、金沸草等），性味多为辛苦温之品，立温阳以治其本，化痰降气为治其标，以起温化宣散之功。脾为生痰之源，肺为贮痰之器，发生病理变化时常相互传变。如肺胀的病变首先在肺，继则影响到脾，子盗母气，脾失健运，可致肺脾两虚，肺虚不能化津，脾虚不能转输，形成痰浊、水饮等病理产物。痰饮咳喘临证治疗不能单纯从肺论治，须兼顾温脾益气，从而培土生金，以杜生痰之源，缓解期巩固疗效，预防复发。我临证常选二陈汤、苓桂术甘汤、六君子汤等加减，尤其喜用黄芪建中汤，其具有温脾、健脾、益气之功，培土生金以固其本。我认为，肺胀病初以肺气阳虚为本，日久终致肾阳虚，肾虚不能制水，则水不归原，为痰为饮。且肺为气之主，肾为气之根，久病肺肾两虚。其症见咳逆喘息，呼多吸少，动则尤甚，痰清量多，畏寒肢冷，腰膝冷痛，夜尿频多，面足浮肿，舌淡暗而胖，苔白滑，脉多沉细弱等肾阳虚证。肾主水，肾阳不衰，既能温煦脾土，又能化气行水，温肾阳以充全身之阳气，元阳壮而阴翳消，痰饮自消，咳喘自平。治疗上着重温肾化饮，纳气平喘。我临证喜用真武汤、补肺汤、金匮肾气丸化裁，多用补骨脂、巴戟天、淫羊藿、鹿角霜之品温肾阳，尤其重用补骨脂。《本草经疏》载："补骨脂，能暖水脏，阴中生阳，壮火益土之要药也。"补骨脂具有补肾壮阳、纳气平喘的功效，且能温补脾土，对肾不纳气之虚寒喘咳尤佳。

学术特色——大道至简，审证求因，求本治疗

访谈者：您认为自己在辨证施治方面的特色是什么？

韩明向：我在望闻问切、辨证施治上讲求一个"细"字。我认为详辨咳痰的性状对确立治疗咳嗽的策略尤为关键。通过多年的临床实践，我练就了出色的"问诊"功底，让错综复杂的咳嗽病因无处遁形。若咳痰色白，清稀量多，咳之易出，无腥臭味，多与泪涕同出，痰冷，遇冷则咳，属寒痰；若痰黄带绿，黏稠，咳之难出，有腥臭味，为热痰。但单凭痰的颜色判断寒热不可取。如痰虽白，但黏稠难咳出，虽无腥臭味，也为热痰；若痰黄，但仅在早晨出现，则非热痰。此外，我还会询问咳嗽的频次、持续时间，患者的情绪及是否有基础性疾病，以便对咳嗽进行精准分类，辨证施治，药到病除

也就水到渠成。

问诊要细致入微，也要讲究技巧。有一次，一位八十多岁的患者就诊时无法清楚描述病情，我只问了四个简单的问题："哪年哪月出生的？""今天午饭吃了什么？""您的老家在哪儿？""今天是星期几？"四个问题问完，我对患者的远期记忆、短期记忆、认知能力和判断能力都有了明确的把握，以此判定患者的衰老程度，进而辨证施治。

医患交流——宽慰患者，建立信任

访谈者：您是如何建立良好的医患关系的？在这方面有什么经验？

韩明向：就像孙思邈所说："见彼有病，若己有之。"患者来了，要把他的病当成自己的病，把患者当成亲人看待。门诊上经常有一些网上无法及时挂号的，还有外地来的患者，我都会为他们加号，不论多辛苦依旧笑意盈盈地面对患者，耐心细致地问诊开方。一个医生对患者的态度非常重要，要对患者十分关心，看病看得仔细些，我的患者通常一家三代都在我这里看病，对我非常信任。

传承发展——品质优良、痴迷中医

访谈者：您在中医传承上是如何教导学生的？

韩明向：师者，传道授业解惑也。我认为"传道"并非单纯指"传递知识"，更重要的是"精神的传承"。薪火相传，授业解惑，医乃仁术，大医精诚。我从医50年间，言传身教，时时告诫学生，"大医精诚"乃医者魅力所在，应兼具仁义、仁心、仁术。

仁义，就是要有献身医学的恒心壮志。正如《论语·子路》所言："人而无恒，不可以作巫医。"仁心，即"诚"，就是要有高尚的医德。《伤寒兼证析义》曰："医以天下生民为己任。"孙思邈曰："凡大医治病，必当安神定志，无欲无求，先发大慈恻隐之心，誓愿普救含灵之苦。若有疾厄来求救者，不得问其贵贱贫富，长幼妍蚩，怨亲善友，华夷愚智，普同一等，皆如至亲之想。亦不得瞻前顾后，自虑吉凶，护惜生命。见彼苦恼，若己有之，深心凄怆。勿避险巇、昼夜、寒暑、饥渴、疲劳，一心赴救，无作功夫形迹之心。如此可为苍生大医，反此则是含灵巨贼。"仁术，即"精"，就是要有精湛的医术。孙思邈曰："夫大医之体，欲得澄神内视，望之俨然，宽裕汪汪，不皎不昧。省病诊疾，至意深心，详察形候，纤毫勿失，处判针药，无得参差。虽曰病宜速救，要须临事不惑，唯当审谛覃思，不得于性命之上，率尔自逞俊快，邀射名誉，甚不仁矣。"

我认为传道授业解惑是一个教学相长的过程，作为一个中医院校的老师，要传岐黄之道、授仲景之术、解临证之惑。我注重学生自主能力的培养，尤其是对中医人才的培养，特别强调经典与医案的学习。《医宗金鉴》云："书不熟则理不明，理不明则识不清，临证游移，漫无定见，药证不合，难以奏效。"可见学中医积累经验尤为重要。验累于践，践源于识。欲求前人之经验心得，医案最有线索可循，循此钻研，事半功倍。我一方面注重经典的学习，一方面又强调"拓宽基础，追踪前沿"。中医学也是一门发展中的学科，与时俱进、及时地掌握与中医学相关的现代研究成果与发展动态，中西兼容，方能体现中医药现代化的特征。

名医寄语

夫医者，非仁爱之士，不可托也；非聪明理达，不可任也；非廉洁纯良，不可信也。

第三章 ◯ 伍炳彩

伍炳彩，男，1940 年生，江西吉安人，国医大师，江西中医药大学二级教授，主任中医师，博士研究生导师，享受国务院政府特殊津贴。第三、第四、第六、第七批全国老中医药专家学术经验继承工作指导老师，江西省名中医，江西省保健委员会首席中医专家。

伍炳彩教授曾获"首届全国中医药杰出贡献"称号，被评为"中国好医生"月度人物，获得江西省医师优秀个人奖，还曾获得江西省好医生、江西省又红又专的学科带头人、江西省优秀研究生导师等多项荣誉。历任江西中医药大学（原江西中医学院）金匮教研室主任，中医临床基础学科组组长、学科带头人。"十二五"国家中医药管理局重点建设学科——伤寒学、心病学的学术带头人。

1960 年，伍炳彩以优异的成绩考入江西中医学院，师从姚荷生先生，1966 年毕业于江西中医学院（现江西中医药大学）并留校任教。发表论文 30 余篇，参编著作 5 部，主持省级课题 4 项。

伍炳彩行医 50 余年，勤求博采，精诚为业，成为全国卓有影响的金匮大家、杂病大家、中医教育大家。

作为金匮大家，伍炳彩一生学金匮、教金匮、用金匮，既传承又创新，取得了卓越成就。在理论研究方面，他阐释了《金匮要略》中难解条文的临床意义，并创立了以五脏相关为基础的疑难杂症诊疗体系。在内伤杂病的病因研究中，他深化了对湿邪的认识，不仅提出湿邪致病的九个特点（广泛性、隐蔽性、迁延性、弥漫性、滞着性、秽浊性、兼夹性、迷惑性、易于伤脾），还补充了辨湿的五种方法（辨小便、测汗出、看舌苔、查身热、问口黏），形成了湿病的系统性诊疗框架。在病机研究方面，他提出了"因病致郁，因郁致病"的观点，丰富了疑难杂症的病机学内容。他长期坚持撰写读书和临床心得，积累了 1000 多万字的医学笔记。

作为杂病大家，伍炳彩善于运用《金匮要略》理论和方剂辨治疑难杂症，创新性地提出了"肾病从表论治""心动过缓从湿论治""心动过速从热从虚论治""水肿从肝论治""心痛病从肝论治""子宫下垂从肝论治""产后风从虚从湿论治"等辨治思路。他创制的益气化湿汤、枳壳芍药散、利咽化湿汤、固本健身膏等方剂，对产后风、肾病、肝病、冠心病等疾病疗效显著，已在临床广泛运用，并获得了新药发明专利一项。

他穷研脉法，精于脉诊，尤以生死危脉辨识著称。凭借"起手知表里，定手判虚实"的扎实功底，他赢得了江西"凭脉辨证第一人"的美誉。

他坚持每周出诊四次，慕名求诊者来自全国各地，甚至海外。他每年应邀到省级综合医院会诊 300 多人次，扶危救难。

作为中医教育界的知名人物，伍炳彩是江西中医临床基础学科的创建者，制作了 36 期《金匮要略》学术讲座，并撰写出版了多本专著。他多次受邀为全国优秀中医临床人才讲授《金匮要略》。伍炳彩是"十二五"国家中医药管理局重点建设学科（伤寒学、心病学）的学术带头人。他培养的博士、硕士研究生中已有 20 多人成长为中医学术骨干，其中包括珠江学者、全国优秀教师、全国中医药高等教育教学名师、全国老中医药专家学术经验继承工作指导老师及博士研究生导师。

名医之路——痴迷杏林，博采众长

访谈者：您是如何走上中医之路的？

伍炳彩：我选择学习中医与家庭情况及自身的身体素质有关。我母亲在生我之前就已经失明，所以她无法看到我的样子，再加上我在高中毕业时体检发现血压偏高，基于这两个原因，高中毕业后，我选择了学习中医，因为这样可以更方便地为自己诊治。

访谈者：在您成长为名中医的过程中，有哪些人对您产生过重要影响？具体是什么影响？

伍炳彩：学中医，首先是我自己想学。因此，在学习中医的过程中，我始终保持着强烈的愿望，一直很努力，希望能学好中医。无论是听课、实习，还是利用业余时间，只要有机会，我都会向有经验的老师和民间一些有经验的人学习。比如，我们村里曾有一位郎中，他擅长外科治疗。虽然他几乎不识字，但我认为他在治疗某些疾病方面很有经验，比如他治疗溃疡和骨髓炎的疗效非常好。我曾拜他为师，但他这个人很保守，不愿意教我。他三仙丹、红升丹、白降丹这三种丹药都炼得很好，我请他教我，但他没有答应。因此，这三种丹药我都没能学到。这说明了什么呢？虽然他文化水平不高，几乎不识字，但他确实有一技之长。我向他学习，拜他为师，然而最终未能学到什么。

我之所以能够成才，主要归结为以下几点：第一，我对中医有着浓厚的兴趣。第二，学习中医是为了能够服务于患者，因此在学习上，我认为必须努力学习、认真学习、持续学习。第三，在我成长的过程中，姚荷生先生对我起到了重要作用。在我毕业后跟随他学习的过程中，他对我的学习产生了深远的影响。他培养了我什么呢？八个字：买书、读书、临床、思考。遇到问题时，如果我们对问题没有八九成的理解与思考，他是不会直接告诉我们的。他要求我们自己去读书、去临床、去思考。我们思考得差不多了，只差一点点，对问题有了八九成的理解，他才会给予指导。因此，我认为在他那里学到了一些经验，最重要的是，他教会了我们这八个字：买书、读书、临床、思考。我基本上是在他的指导下成长起来的。因此，我的临床水平有了显著提高，可以说是逐年提高，甚至可以说是月月提高。这些都得益于先生传授的那八个字。

他督促我买书、读书，进行临床实践，并且思考。他曾经来过我家一次，查看我是否真的买了书。他一到我家，就打开书柜，问我："这些都是你买的书吗？"我说："是的，我这里没有什么活动能力，没有人送书给我，全是我自己买的，当然也有几本是借的。"他问完就走了。他的意思是我们应该自己买书、读书。他还非常强调读书、临床实践和思考。关于思考，我觉得现在有很多问题需要深入思考。比如说，今天看了病，如果效果不好，晚上我会查书、思考，甚至在很长一段时间内都在思考。因此，在这些思考的基础上，我的临床水平不断提高。另外，在读书的过程中，我体会到应善于学习别人的长处。有很多知名的老中医，他们的书我都买了，如蒲辅周、岳美中等，他们各有所长。所以，我能有今天这个成绩，要感谢我的导师姚荷生先生。

职业认同——大医精诚，德术双馨

访谈者：您认为作为一名优秀的中医，应该具备什么素质？

伍炳彩：我认为，要成为一名优秀的中医师，首先要有医德。没有医德的人，虽然他可以治好一些病，但他可能对中医造成很大的负面影响。现在社会上有些医生没有医德，开大方、学大法，这种医生是不可取的。我们一定要有高尚的医德，一定要按照孙思邈所说的去做，这样的医生才会受到群众的欢迎。为了更好地解决问题，我们必须努力学习、善于学习、虚心学习。否则，如果无法学以致用，解决不了患者的问题，就不会受到患者的欢迎。

访谈者：能谈谈您对医生这个职业的态度和看法吗？

伍炳彩：我认为医生这个职业是高尚的，是受到群众欢迎的职业。但要真正做到让群众欢迎，我觉得需要做到两点。第一，要有高尚的医德，不要利用医生的名义谋取私利，或开一些不必要的药方给患者。这是医德的体现。第二，一定要具备精湛的医术。只有具备精湛的医术，才能为患者解决问题，进而受到患者的欢迎。

访谈者： 您实现了什么梦想？还有什么梦想？

伍炳彩： 我的梦想是希望所有的中医师，都能够站在中医的立场上思考问题，并解决一定的问题。现在这个市场我们看得很清楚，很多病都是西医在看。然而，西医在某些情况下并不能很好地解决问题，有些问题可能还会留下后遗症。因此，我们中医一定要精于业务，把西医看不了的病、看不好的病，甚至急性病的一些病例都整合起来并对其进行研究。所以中医师的任务非常艰巨，一定要想方设法努力读书、努力提高业务水平。这是时代对我们的要求！如果中医的疗效提升不了，那中医将面临严峻的挑战！因此，各地中医学校，在教学、临床和科研方面，都要尽心尽力提高医师的临床水平。否则，我们可能会遇到诸多麻烦。中医是伟大的，中国医药是个伟大的宝藏。如果什么病都看不好，比如一般的感冒也看不好，慢性病也看不好，那要中医干什么呢？

所以我希望各级领导能够重视这个问题，要想方设法提高医师的临床水平，提高临床水平就要加强教学、加强科研，教学好、科研好，一切都要为临床服务。

学成中医——读经典，重基础，多临床，中西贯通

访谈者： 您认为您学习和从事中医可以分为哪几个阶段？对于学习和研究中医您有什么建议吗？

伍炳彩： 学习中医的方法，首先是理论学习，理论学习主要是在学校完成。理论学习包括中医经典，即《黄帝内经》《难经》《伤寒论》《温病条辨》等，这些经典一定要多花时间去学，而且学校里也要重视并狠抓教学质量。另外，中医基础理论、中医诊断学、中药学、方剂学等课程要特别重视，尤

其是中药学和方剂学，需要做到在临床上灵活运用。如果运用得好，可以解决很多问题。

其次，理论学习达到一定程度后，就要到临床上去实践，也就是进行临床学习。学校和医院对临床学习也要重视并狠抓，既要安排学生去相应的老师那里学习，又要检查学生们的学习情况。学习时不仅要重视中医，对西医也要有一定的了解。学校和医院不能对学生的学习情况不闻不问，一定要好好安排。

最后，拥有一定的理论知识和临床知识后，要根据自己的情况进行提升。比如说，在医院工作的，医院的领导要对全国各地的中医医院情况有所了解。例如，哪个地方中医院对肺癌诊治有经验，可以安排本院呼吸科医生去学习；哪个地方中医院在心血管诊治方面有优势，可以安排本院心血管医生去学习；哪个地方皮肤科诊治效果好，也可以派人去学习。因此，要善于安排医务人员外出学习他人的长处，也要把外面医院有经验的医生请来讲课。医院内部，我觉得还要加强临床教学，可以向西医院校学习，开展教学查房。教学查房可以提高查房人员的水平，也可以提升一线医护人员的能力。

此外，医院里要经常举办讲座，为医生、毕业生、实习生授课。如果能做到这些，我认为医生的理论水平和临床水平很快就能提高，学生解决问题的能力也能提升。一旦学生能够解决临床问题，毕业和工作的问题也能得到一定解决。因此，我认为理论学习和临床实践都要落实到解决问题上，否则学习就没有趣味。

访谈者： 您觉得中医经典在学习中医的过程中起到了什么作用？您是如何学习中医经典的？

伍炳彩： 中医经典在中医学习中肯定起到指导作用，经典中的理论知识完全可以指导临床。这需要你在临床实践中感受，从临床到基础，再从基础到临床，反复实践，才能体会到经典理论对临床的指导作用。比如，对一个呃逆或呕吐的患者，如果只用药物和降逆止呕的方法，可能效果不佳。《伤寒论》原文381条提到："伤寒哕而腹满，视其前后，知何部不利，利之则愈。"利用这个理论，你就会知道，对于呕吐呃逆的患者，只要大便不通就通大便，小便不通就通小便。类似此类经典理论指导临床的例子非常多。因此，我们一定要加强对四大中医经典著作的学习，经典著作对临床有很强的指导作用。

善于临床——四诊合参，审因求机

访谈者： 您在门诊中采集患者哪些信息？如何全面认识患者的病因病机？

伍炳彩： 要想看好病，我觉得望、闻、问、切都要重视。为什么要重视望、闻、问、切？是为了收集临床资料，根据收集的资料辨别疾病的病因、病位和发病机制，才能给予相应的治疗，从而取得疗效。因此，临床资料的收集非常重要，必须重视望、闻、问、切，缺一不可。我们看病不能马马虎虎，一定要详细地进行望、闻、问、切，否则是看不好病的。想用三分钟解决问题，我认为比较困难。

学术特色——辨证论治，善于杂病

访谈者： 作为杂病大家，您擅长很多疑难杂病的诊治，讲讲您的辨证经验吗？

伍炳彩： 我在临床擅长治疗什么病，这个一时间很难说清楚，但我有一些辨证论治的思想。例如外感病、湿邪病、肝病、肾病和哮喘病等，我在临床上都有不错的疗效。虽然我的临床技术与所谓的神医相比可能差距甚远，但中医的湿邪病、肝病，以及西医讲的一些疑难病，比如发热、哮喘、肝炎、肾炎、心血管病、风湿病，我都能治疗一些。

"外感病以湿邪病为主，内伤病以肝病多见"，我对这句话略有了解和体会。很多疾病的核心病机很难说清，因为每个患者有其各自的病因病机。总体来说，南方地区因为气候原因湿邪病较多，但现在为什么北方地区湿邪病也逐渐增多呢？虽然北方地区雨水较少，但改革开放后生活水平提高，人们饮食起居不加以节制，会导致内生湿邪。另外，由于各种压力，或者人与人之间难以处理的关系，患有肝病的人也很多。当然，这里的肝病包括西医讲的乙型肝炎等各种病毒性肝炎，但不完全局限在这个范围内，是范围更广的肝病。我总结了湿邪致病的9个特点：广泛性、隐蔽性、迁延性、弥漫性、滞着性、秽浊性、兼夹性、迷惑性、易于伤脾。我总结出"辨湿七法"：一辨小便清浊，二辨汗，三辨身热足寒，四辨口黏，五辨面色，六辨舌苔厚薄，七辨脉濡。

痹证的病机本质为本虚标实，主要病因有脾虚湿盛、郁而化热、脾虚外感六淫等。患者多因素体脾虚或后天补养不足或后天调摄失宜导致的脾虚，影响了身体气血津液的运化，则腠理空虚，外邪乘虚而入。若患者阳气不足，则风寒湿邪易于侵袭，表现为风寒湿痹；若患者阴气不足、内有蕴热，热与风湿相搏或者寒郁化热，表现为风湿热痹；若患者日久迁延不愈，影响气血津液的运行输布，血滞成瘀，津停为痰饮，导致痰浊、瘀血痹阻经络，病邪相互影响、兼夹转换，病情更加缠绵难愈。痹证的基本治疗原则为祛邪活络、缓急止痛，注意祛邪应不伤正，扶正应不留邪，再视情况加以健脾益气、清热利湿、补益肝肾。痹证患者中湿热痹最为多见，同时也常兼夹其他证型，病机本质多为虚实夹杂，故治疗时应当时刻注意顾护脾胃。"湿"邪是痹证的主要致病因素之一，治疗时加以清热利湿，脾旺则能胜湿，亦能补气血，气血充足能固正气，治风先治血，血行风自灭。另外，久痹正虚者治疗应当益气补血、补益肝肾。

对于其他疾病，如慢性肝病，我提出了慢性肝病临证"三步曲"：第一步，把握肝脏生理，兼顾肝之"体用"，养"肝体"而助"肝用"。第二步，审察肝脏病机，调和肝之"四逆"，以"疏肝和胃祛瘀血、疏肝开肺达三焦、清营泄热解肝毒"为主要治法。第三步，结合微观指标，尤重肝功诊断价值。

医患交流——医患平等，一视同仁

访谈者：您是如何建立良好医患关系的？您如何看待患者？

伍炳彩：我把患者看得很重。我非常渴望了解患者的情况，希望我们医生能够为他们解决问题。因此，我对每一个患者，不管他是官员，还是士兵，不管他是有钱，还是没钱，我都会仔细地进行望、闻、问、切。根据望、闻、问、切取得的病因、病位、发病机制，然后取方、应用，这一套我都是认真的。有时我会为一个患者按摩、看病花费一个多小时，因为我看病认真仔细，往往能够解决一定的问题。所以，医生看病一定要仔细，也一定要在中医理论的指导下看病。

访谈者：如何建立良好的医患关系？您是怎么做的？有没有印象深刻的故事？

伍炳彩：在我看来，良好的医患关系首先要从我们对患者的服务态度开始。其次，就是认真看病，尽力治愈患者。此外，我们在与患者交流时不能夸大其词或欺骗患者。用药方面也要根据病情，不开不必要的药，不随意使用昂贵的药物。如果我们能够对患者细致入微地关怀，我认为患者会很少有意见，医患关系自然会处理得很好。

传承发展——善于学习，勤于思考

访谈者：您选拔弟子的标准是什么？您是如何培养弟子的，有什么要求吗？

伍炳彩：作为一名老中医，我对学生是毫无保留的。我已经带教了数以千计的学生，但具体有哪些人跟过我，我其实已经记不清了，也没有留下他们所有人的名字或电话号码。在培养学生方面，我是不求他们有所回报的。我希望的是学生们能够在我这里学到一些东西，进而为社会作出贡献，更好地为患者解决问题。但是，培养一个学生，除了老师的指导外，学生自身的努力也是非常重要的。聪明的人不一定能够学好中医，不聪明的人不一定学不好中医，关键在于自己的努力。

培养学生，要让他们多读书、多思考。不能只向老师学习，也要向同辈学习。孔子说的"三人行，必有我师焉"，一点儿都没错。一个中医大夫，不管他有多大的名气，是不可能完全掌握中医的知识体系的，像《医宗金鉴》《医学衷中参西录》，都是各有各的经验。所以，医生一定要善于学习、虚心学习、不断学习，这样水平才能提高，才能为患者解决问题。

名医寄语

信中医，学中医——一定要有责任心，一定要相信中医。中医的当务之急是临床疗效要好，要让患者相信中医一定能够解决问题，要让西医也认可中医学是生命科学。认真学习经典著作，要善于向同行学习。要努力学习中医，要善于学习中医，做到这些一定可以成为中医人才。

第四章　皮持衡

皮持衡，男，1940 年生，国医大师，首届全国名中医，江西省名中医。江西中医药大学二级教授，江西中医药大学附属医院主任中医师，博士研究生导师，第二、第三、第四、第六、第七批全国老中医药专家学术经验继承工作指导老师，首届全国中医药传承特别贡献奖获得者。

于 1959 年考入江西中医学院（现江西中医药大学），1964 年师承江西省名老中医、中医内科专家赖良蒲教授，1965 年毕业于江西中医学院，并留校任教。

曾任江西中医学院副院长、院长、党委副书记。现任中华中医药学会肾病分会顾问，江西省中医药学会肾病分会名誉主委、江西省中西医结合学会肾病专业委员会名誉主委、江西省研究型医院学会中西医结合肾病委员会顾问、江西省传统中医中药研究会名誉理事长等职务。

主参审《皮持衡肾病学术思想及临证经验》《衡医心悟》《皮持衡临床带教问答录》《中医内科急症手册》《内科成方临证应用辑要》等医学专著、高校教材 20 余部，发表专业学术论文 130 余篇。培养中医内科学肾病专业硕士、博士研究生及高徒近 30 名。

曾作为江西中医学院院长多次应邀赴比利时、法国、美国、日本等国讲学与学术交流。为中医药高层次人才培养、中医药学术传承研究和国际交流传播作出了突出的贡献。

作为中医肾病学科的领军人物之一，从事中医药医疗、教育、科研工作近 60 年，创建了江西省首个中医肾病专科，现已成为重点专科。学术上，他总结出肾病证治"五论"学术思想，主张"循古拓今，师宗不泥古，博采众长，古为今用，洋为中用，致力于发挥"；在制方用药上，他善于相反相成，以补配消，以塞配通，以温配清，以降配升，研制出"肾衰泄浊汤""肾药Ⅲ号"及"三仁肾衰泄浊方案"等有效制剂及方法，广泛应用于慢性肾衰患者的治疗，取得了显著的临床疗效及社会效益，展示了其深厚的中医药理论功底和丰富的临床经验。

名医之路——秉承家传，院校培养，幸遇良师

访谈者：您是怎么走上中医之路的？

皮持衡：我走中医之路已有 60 年了！我于 1940 年出生于江西南康的一个中医世家，这就是我走上中医这条路的开始。因为家里有药铺和诊所，我从小就是闻着中药味长大的。懂事后，经常跟在父亲旁边观察他怎么看病，或者到药铺学着抓药。小学放学回到家，做完作业就开始接触这些。到了中学时，我开始接触中医类书籍。父亲对我的影响很大，他的桌案上常年放着一本书——《医宗金鉴》。我好奇时就跑过去翻翻看看，慢慢地就了解了一些中医学的概念知识。

我家四代都从事中医，受祖辈的影响，我在父亲的要求下继承了家业。父亲为我规划好了一切，于是，我就这样走上了中医之路，进入学府深造。在学府里，我得到了老师们的悉心教导，从中医基础学到临床医学，一路学习下来积累了许多经验。后来，我有机会跟随我的老师赖良蒲老中医学习了很多知识，之后又进入江西省中医院。这个过程中我不断学习，一边进行临床工作，一边从事科研。这就是我走上中医道路的大致过程。家族的熏陶、耳濡目染，再到自己的逐渐理解，然后进入高等院校学习，最后跟随名老中医学习，我觉得这条路就是院校教育与师承相结合的过程。

访谈者：在您成长为名中医的过程中，有哪些人对您产生了重要影响？具体是什么影响？

皮持衡：除了家族中祖辈和父辈对我的熏陶，还有师承教育和患者对我的影响。我认为学好中医的捷径之一就是师承良师。一方面，老师能够传道授业，指导学习，解惑释疑，使学习过程中少走弯路；另一方面，通过老师的言传身教，可以树立高尚的医德，学会做人的道理。

在大学里教过我、指导过我的老师中，有几位对我的影响特别大。第一位是万友生老师。万老师是当年给我们讲授《伤寒论》的老师。因为我们当时刚开始学习中医经典，有些词语很拗口，我们也不明白什么意思，所以只

能在他上课时认真做笔记。由于我视力不好，看黑板不太清楚，只能看到板书上的大标题，看不见后面的小字。因此，我只能一边认真听讲，一边记录下万老师的话。万老师有一个好习惯，就是在一定阶段后会抽查同学的听课笔记。他在上完课后的一个月或半个月内，会点名抽查。有一次，他检查了我的笔记，并在我的笔记上批了一句话："不要人云亦云！"万老师的这句话是什么意思呢？我一琢磨就明白了，原来他觉得我的听课笔记缺乏自己的见解，没有消化他讲的内容。紧接着，他批了第二句话："万一我说错了呢，老师说错了你也听吗？"我明白，这是万老师想要启发我的思维。他的第三句话是："你要发挥，不要只是跟着我写。以后要有自己的理解和看法！"这几句话我记了一辈子，我觉得这位老师对我的影响很大，他教会了我认真读书、分析问题的方法，提醒我不要人云亦云，而是要有自己的见解和观点。

第二位是张海峰老师。张海峰老师是教我们中医内科学的老师。在讲课时，他说了一句令我印象深刻的话："中医内科学是各个学科的基础。"现在回想起来，我觉得确实是这样。内科学是中医各个学科的基础，内科加上麻、痘、惊、疳就形成儿科，内科加上气血病、筋骨病就形成伤科学，内科加上经、带、胎、产就形成妇科学。因此，我觉得他这句话很有道理，启发了我，让我充分意识到在后续的学习中要把内科学的基础打好。

1964年，我有幸被学校选中，师承跟诊当时江西的名老中医赖良蒲。赖老治学严谨，临床经验丰富，治疗疾病时多用经方，但不排斥时方，往往经方和时方并用，根据病情需要而选择。赖老对学生要求严格。跟师的第一天，他就送我四句话："温经典，读喻昌，多临床，常书录。"希望我能够重视经典，勤于临床，善于思考，做好笔记。他特别强调要多读喻嘉言的书，一方面是因为喻昌是江西人，有相同的地域和气候因素，对于疾病的认识有更多可借鉴之处；另一方面也希望我能像喻昌一样精诚为医，体恤患者。随师临证的过程，是一个细细打磨的精细活儿，要细心观察，虚心求学，不断揣摩体会，勤思多问。只有这样日积月累，才能得到老师的"真传"。

我认为成为一名优秀的中医最离不开的就是患者。首先，只有通过患者治疗后的效果才能验证自己所学的医学理论是否扎实。其次，患者的疗效反馈是检验我们所学知识能否为病患提供良好服务的试金石。因此，我们医生应该感谢患者，因为患者也是我们的老师。我时常教育我的学生们一定要尊重患者，因为在治疗过程中我们可以学到很多东西。患者可能在经历疾病的折磨后总结出一些保健的相关知识，或者对疾病的某些方面有更深入的体会和认识，从而提升我们对该疾病的治疗水平。在不经意间，患者就提高了我们的认知水平或诊疗水平，所以患者对我的影响很大。在治疗患者的过程中，我可能总结出一些自己的经验，形成更优化的治疗方案，以此不断提高自己的医术。

除此之外，我必须感谢我的妻子，她给了我一个安稳的家庭，让我能够更加专注于自己的事业，更安心、更耐心地去工作。因此，我觉得以上这些人都对我有着重大的影响，我对他们表示深深的感谢！

职业认同——性命所托，精诚为医

访谈者： 您能谈谈对医生这个职业的态度和看法吗？

皮持衡： 我从学医到现在已 60 余年。这 60 余年的体会有四点。第一，医生这个职业是生命所托。我认为医生誓词中明确了我们的工作态度，以生命为重，救死扶伤。从这个角度来看，我认为医生是为人类健康护航的一个职业，也是一个救护生命的职业。

第二，从当前的社会现实来看，我认为医生是一个值得尊重的职业。从目前的医疗状况、医患关系和医疗纠纷来看，存在许多不尊重医生的现象。这样一个崇高的职业不被尊重，这是不应当的。因此，我认为医生这一职业应该受到社会和公众的尊重。我从事医生职业已近 60 年，在这几十年里我始终坚持，没有放弃，很大程度上是因为社会和患者对我这个职业的肯定和尊重。

第三，我觉得我们已经深深扎根于中医药事业，根都长下去了，就要发自内心地把这个工作做好，为患者提供更多优质的医疗服务，竭尽全力做到最好。

第四，在这么长的时间里，我认为自己在这条道路上做到了一直保持坚韧，没有放弃，并坚定地从事这一职业。

访谈者：您认为一名优秀的中医应该具备什么素质？

皮持衡：这个问题比较尖锐，但它是一个原则性的问题。作为一名中医，加上优秀两个字，那就说明不是普普通通的医生。首先，应该在理论上有所建树或创新；其次，在临床上取得较好的疗效，能够获得患者的普遍认可；最后，患者要对你比较信赖，觉得他生病找你比较放心，要知道，获得患者的普遍认同并非易事。

那么，要做到以上这三点，应该具备以下要素：第一，应该有道，道就是德。做一名优秀的医生要有良好的道德，为什么这样讲呢？明代赵献可在《医贯·伤饮食论》中说："有医术，有医道，术可暂行一时，道则流芳千古。"他写得很好。这句话教我们医生要先做人，再做事。作为良医，要具备精诚为医的基本素质，大医精诚嘛！医术要精，待人要诚。因为我们说医者仁术，要以仁术为患者服务。第二，必须有坚实的理论基础和临床理论。我觉得现在的医生，包括我们下一辈的多数医生在基础方面还差一点，临床基础理论方面相对较差。第三，要经过一段时间的努力沉淀和临床锻炼。医生只有具备了比较好的中医理论基础，才会有得心应手的临床实践工作能力。在诊断疾病、辨证论治的过程中，医生要得心应手、反应较快。如果不掌握这些，在临床活动中就会受到很大的限制。第四，要"借他山之石"来充实自己的思想的能力，善于借用他人的东西为我所用。我们要善于向高明的同事学习，只要他有一点长处，我们就要向人家的长处学习。作为高明的医生，不会排斥别人而高看自己，所以我一直在临床上比较低调。第五，我觉得还有一个很重要的方面，不论作为国医大师也好，还是作为名中医或者地方名医也好，我觉得都要有善于提携后学的思想。这样才能推进我们的事业发展，世世代代都有人才，才能延续我们的事业，才能传承我们的事业，才能发展我们的事业。作为一位名中医，如果你没有这个思想，不愿意传承给别人，那将来我们的事业该怎么办呢？应该代代相传才对！所以，我觉得作为一位名中医，这五种素质都应该要有。最重要的是医德，然后是医术，总结起来就是四个字：精诚为医。

访谈者： 您实现了您的什么梦想，您还有什么梦想？

皮持衡： 一路走来，我一直怀揣着成为一名能够真诚为人民健康事业服务的好医生的梦想，并为之努力。这几十年来，我逐步实现了这个梦想。在家庭的熏陶、老师的指导和组织的培养下，我不断求知，从一名医生成长到现在的岗位，既从事行政工作，也投身医疗事业。我认为自己实现了当初想要肩负双重责任的愿望，多为祖国和人民作贡献。我接下来的梦想，是希望中医药学能够在未来按照习近平所说的那样，"传承精华，守正创新"，发挥中医药的优势，培养出更高明、更强大的名中医，为中医药事业开辟更好的道路，为人民的健康作出更大的贡献。

有人说，中医药是世界医学。我认为中医药是全人类的医学，是为全人类健康事业服务的医学。因此，我希望将来中医药能够成为世界人民医疗保健的主流医学。我认为我们下一代应该更加努力，朝着这个目标前进。我记得钱学森曾说过："医学的前途在于中医现代化，而不在什么其他途径。"我觉得他很有远见，未来的医学就是中医药的现代化。我们不去评价当前西医学的状况，但至少我们自己要在学习和工作中实行拿来主义，把现代医学科学的知识融入中医学，提高我们的诊断水平，完善我们的诊断体系。此外，我认为我们的疗效标准也不够明确，我们需要更加明确我们的疗效标准。因此，我们要将拿来主义与中医学结合起来，不要排斥其他医学体系，而要互相合作，谁有能力就让谁来。

学成中医——读经典，善总结，多交流

访谈者： 老师，您觉得中医经典在学习中医过程中起到什么作用？您是如何学习中医经典的？

皮持衡： 大家都知道，中医经典是我们的基础，是我们必须掌握的基础知识，是每一个学习中医的人都要阅读学习的。我们每一位从事中医药工作的人都必须传承中医药文化，因此学习经典是必不可少的，要打好基础。如

果你不学经典，就无法找到中医学的精要和精华。比如，关于肾脏病可以在经典中找到这样一句话："五脏之伤，穷必及肾。"五脏的疾病都会影响到肾脏，临床上就是这样的，心、肝、脾、肺都会影响肾，出现肺性肾病、心性肾病、肝性肾病（即肝肾综合征）以及脾性肾病。这提示我们在治疗肾脏病时要考虑到其他脏腑。这些经典启示、提示、开拓我们的思路，指导我们的治疗方法，这就是学习经典的好处。

中医经典的语言比较深奥，比如《伤寒杂病论》，其注解者就有1000多位。《中国中医古籍总录》中记载，《伤寒论》有750家较有名的注解，《金匮要略》大概有300多家，加在一起有1000多家。这1000多不同的医家理解，有时差别还比较大，该怎么办呢？我认为：第一，要以语言为基础，着重阅读原著。第二，要分析各家是从哪个角度进行注解的，因为他们在临床中各有所长，各有所见，认识的角度不一样，理解也就不一样。因此，我尊重原著，首先提出我自己的看法，再去参照他人的看法。不要人云亦云，要有自己的见解，在自己的立场上把其他看法综合起来应用。

访谈者：您认为您学习和从事中医可以分为哪几个阶段？能介绍一下不同阶段您学习和研究中医的方法吗？

皮持衡：我认为可以分为三个阶段。第一个阶段是家庭影响阶段，第二个阶段是学校求学阶段，第三个阶段是中医临床学习阶段。我觉得在高校学习时，除了自身的努力外，老师的指导也非常重要。读经典时，要将临床与经典结合起来阅读。读经典不再是从头到尾通读，而是根据临床需求在经典中寻找有助于提高临床疗效和辨证论治水平的内容，反复阅读和品味。从事医疗工作阶段，要多总结自己在临床上的心得体会，这样才能完善自己的学习，提出学术观点，并取得学术成就。所以，不仅要读经典、善总结，还要多交流、拓思维、阔视野。

访谈者：您能给后学者赠送几句话吗？

皮持衡：第一句，要学我、像我、超我。学习老师、模仿老师、超过老师，这是我的要求。希望后学者及跟着我学习的同学们，学习我如何做事，如何从医，学完后要在这个基础上超越我，要站在我的肩膀上，比我更高一个层次。第二句，希望后学者一生砥砺拼搏，为中医药事业增光添彩，满怀热血，以传承中医药为骄傲。第三句，一颗初心不灭，甘为中医药事业写春秋。第四句，希望我们的后学者心系医学，始终无须分别你我，惠及患者，莫争你我高低。

临床技巧——重抓主症，审因求机，重视疗效

访谈者： 您门诊中采集患者哪些信息？如何全面地认识患者的病因病机？有哪些因素会对疗效产生影响？您如何理解这些因素？

皮持衡： 这是一个临床问题。大家都知道，临床信息的采集依赖四诊。临床信息的采集工作是临床工作的第一步，也是至关重要的一步。根据临床信息看病，最多需要 5 到 8 分钟，有时 3 分钟就可以完成。通过望闻问切来一步一步收集资料，可能需要很长时间，内容也会很多。因此，在临床上采集病例资料时，我会首先围绕主症来采集信息。例如，对于一个水肿病患者，我会围绕水肿来询问，以水肿为主症来采集他的病史资料。无论是什么病，都不能从头问到脚，而是要有针对性地围绕主症提问。其次，要围绕主症的病机进行询问，比如说引起水肿的病因病机有哪些，与哪些因素相关，可能会产生哪些变化。通过主症的问诊过程，我们就可以辨别其病因病机。由于时间有限，可能会有遗漏，因此在询问主症后就开始完善资料，然后观察舌象和脉象。舌象和脉象一看基本上就要作出决断，否则就没有时间来看其他患者了。所以，我在临床上一般通过望闻问切的手段，主要围绕主症来扩展收集病例资料，随着主症追踪资料，分析病因病机，再来探讨治疗方法。

在病因病机的认识上，我认为"审因论治"就是追究疾病的源头，对因、对机进行论治应该是最高级的论治。因果是有因才有果，所以审因是最好的方法。例如，我认为寒、湿、瘀既是病因也是病机，还可能是病理产物。病理产物可以反作用于机制，再次成为病因。再比如，脾虚本来是脾虚失用了，但是脾虚健运生水，就会导致水液潴留，水液可以反作用过来影响

脾的功能，这时的水就是由病理产物又变成了病因，它既是病理产物又是病因。所以我认为病因有三类：一类是一般病因，一类是病理产物，一类是反作用所产生的病因。

再来看一下疗效的问题，其实对疗效有影响的因素有许多。用药和用量都会影响疗效。举个例子，有一年开展中医药强省建设活动，我被邀请到江门市中心医院。有一个患者连续 3 年夏季低烧，体温最高达 38.2℃。我去的时候，这个患者正是第 3 年发烧。当地医院的医生请我会诊，他说："皮老师，这个患者 3 年每到夏季都来住院，我不知道是什么原因，他就是连续 3 年夏季都发烧。"我一看就想了两个方案给他，但他说这两个方案都用过了，三仁汤和甘温除热用了都没有效果。我说："你们这个地方夏季肯定有湿气，暑湿发热是比较顽固的，只要涉及发热，只要有湿邪，这种邪气肯定不容易退，湿邪缠绵。三仁汤里哪一种药燥湿效果比较好？"他想了很久，没想到。我说："你这个时候不能只靠杏仁、蔻仁、薏苡仁祛湿，虽然它们芳香畅利气机，但燥湿作用不够。湿气一定要燥，特别是在夏季，暑必夹湿，所以在三仁汤中加大厚朴的量。我建议，把这三仁汤里的几味药拿出来，再合用补中益气汤和甘温除热，把升麻和柴胡的用量增加到 30g。"结果，两剂药下去烧就退了，这个患者再也没有因为夏季发烧来住院。

所以，我觉得剂量很影响疗效。此外，还有药物加工炮制等。这些因素不是医生能控制的，但医生能控制的是辨证的准确性。如果辨证不准确，那肯定会影响疗效，这是第一。第二，治法要得当，治法要准确。第三，开的药方要有方向性，不能方向杂乱，否则也会影响疗效。

学术特色——精研肾病，创"治肾五论"

访谈者： 这么多年您治了那么多类型的肾病患者，请您讲一讲，您在治疗这一方面的疾病有没有一些特殊的认识或者是理论？

皮持衡： 总体而言，我治疗慢性肾病，主要包括肾病综合征、肾炎、肾衰等较多。实际上，我认为肾病综合征也是一种慢性肾病。我的临床思路是运用内科学的基础知识结合肾脏系统的专业知识，来应对内科的疑难杂症和肾系疾病。我接触慢性肾病的病例较多，而急性病例较少，因为这类疾病在发作后，急性往往很快会转变为慢性。例如，急性肾炎在西医学中，若持续3个月仍未改善，则被视为慢性。肾病综合征也是如此，若3个月内未能将蛋白尿转阴或改善低蛋白血症，就进入慢性期。因此，我重点讨论慢性肾脏疾病，包括原发性肾脏疾病和继发性肾脏病，如糖尿病、高血压、系统性红斑狼疮等引起的继发性肾脏病，以及由原发性疾病或其他器官疾病引起的肾脏病。原发性疾病指的是肾脏自身问题所引发的疾病，而其他器官引起的疾病则是继发性疾病。这类慢性疾病的病机可归纳为四个字：虚、湿、瘀、毒。第一，虚。因为邪气侵袭，体内正气必定虚弱。未发病时，正气充足可以抵御邪气；一旦发病，就表现为虚。第二，湿。因为肾脏对水液代谢有很大影响，对水液的排泄、转输也有重要作用。一旦肾脏功能异常，就会出现湿邪，而湿邪不易去，容易遗留。第三，瘀。正气不足，水湿潴留，毫无疑问会影响血液的运行。气不足则不能推动血液运行，而湿邪又容易阻碍血液流动，因此在肾脏病中，常见瘀血。用西医学解释，肾脏病最终导致肾小球硬化，这就是气血瘀堵的表现。第四，毒。若肾脏功能异常，肾阳不足，水湿淤阻，久病导致多瘀，瘀血又进一步加重水液淤堵，最后肾脏病患者可能中毒。大多数慢性肾脏病患者最终是因毒素积累而病情加重。因此，如今通过血液透析来清除毒素，能改善患者状况；而肾移植则为患者提供了生命延续的机会。

所以，慢性肾脏病病机之关键为湿、瘀、虚、毒。这四者相互影响，互为因果。虚可以影响湿、瘀、毒，毒可以损伤正气，导致虚、湿、瘀。经过几十年的临床实践，我提出了辨治慢性肾脏病的"五论"。第一，脾肾为本论。慢性肾脏病以脾肾为本。其主要病理基础是脾肾气化功能失调。慢性肾病主要涉及肺、脾、肾。肺的症状相对较少，且是一过性的，只要肺部症状出现，大多数都可以治愈，如感冒、咳嗽、咽炎等，这些基本上都能够痊愈。然而，湿邪容易残留并进入脾肾，因为脾肾易受湿邪损伤。如果脾的运化不足而气虚，就会有瘀血；肾阳不足则不能温化，进而产生湿毒和瘀血。

因此，慢性肾脏病最终以脾肾的虚损为本。第二，病机是"虚、湿、瘀、毒"论。这个病机在上文中已提及。第三，多途径治疗与治法交替论。我们知道，慢性肾病多由脏腑虚损后涉及气血阴阳的虚衰和邪气的交织，是慢性肾病缠绵难控的焦点问题。因此，我会采取治法交替的策略，"间者并行，甚者独行"，采用如补泄交替、敛散交替、补脾益肾交替等治法。第四，方药择用——参考"中药与方剂药理"论。肾病的治疗要注重治法，将中药和西药药理结合起来，这被称为药理结合论。将中药的药理与中医基础理论结合起来，综合四气五味、升降浮沉应用于临床，就是两套药理相互结合的体现。第五，善后调理脾胃论。在疾病治疗阶段，为了控制病情要注重调理脾胃。因此，每个患者在疾病结束时都需调理脾胃。

我还总结出治疗的六个原则。第一，治本宜缓，治标宜急。如果患者出现了呕吐，需要立刻治标；如果没有呕吐，则应治本，慢慢治疗，因为正气的恢复不是一朝一夕的事情。第二，泄毒贯穿始终。慢性肾脏病需要持续排毒，因为毒素源源不断地产生，而肾脏的排毒和排水功能都在衰竭，因此需要时刻关注。第三，活血化瘀贯穿整个治疗过程。肾脏病的病理表现包括肾小管纤维化、肾小球硬化和肾间质纤维化。这些病理变化在中医中被视为瘀血，因此治疗中要持续活血化瘀。第四，轻者并行，重者独行，治法要交替使用。第五，所有的方药中不可缺少祛风药。这个病之所以顽固，难以治愈，是由于湿邪。湿邪缠绵难清，清热容易而除湿难，古人对此已有明示，方药中应使用祛风药，祛风药亦能够祛湿。第六，中西医结合。中西医结合治疗可以显著提高临床疗效，因此我治疗慢性肾衰疗效比较稳定。

医患交流——平等交流，互尊互信

访谈者：您是如何建立良好的医患关系的？您如何看待患者？

皮持衡：我没有遇到过医患关系不好的情况，这几十年来都很顺利，但我会注意这个问题，我有一个警戒点：一旦患者有任何躁动或疑问，我就会给他们解释，说明病情。医生必须与患者进行良好的沟通，从而形成信任关系。

　　如何看待患者？第一，我认为患者是我们的服务对象，是医学的一个载体。没有患者，医学就失去了其存在的意义。我们应当尊重和保护这个载体，这是对患者的一个基本认识。良好的医患关系需要互相尊重、理解和关心，并以感恩的心态对待患者，因为他们为医生提供了工作的舞台。如果没有患者，医生的职业就失去了存在的意义。第二，我们需要对患者有耐心，耐心地解释和介绍病情。当患者来访时，我们通过望闻问切了解病情并掌握相关资料，耐心地向患者解释病情，让他们理解并感受到医生的关心。第三，疗效是医患关系的基础。我认为疗效对于医患关系至关重要。如果没有良好的疗效，医生的可信度就会降低，患者也不会信任和依从医生，这样就不会再来找你。所以，良好的医患关系必须建立在疗效的基础上。第四，医者不应带有私利。我们的前辈，如张景岳、张仲景，都非常注重这个问题。从目前的情况来看，良好的医患关系还需要一个良好的医疗体制来保障。这是医患关系的一个核心问题。随着医疗市场化和商业化的发展，利益关系开始介入。此时，如何处理好医患关系成为一个非常重要的问题。良好的医患关系的前提是第一条，第二条是医生为主体，第三条是患者为主体。比如，患者对疗效的要求很高，而医生无法达到预期。当患者病情已经严重到脏器衰竭时，若最终抢救失败，家属可能会责怪医生。医生不是神仙，无法起死回生，只能尽力转危为安，这也是医患关系中患者应该认识到的问题。

传承发展——勤奋上进、基础牢、悟性高

访谈者：您选拔学生的标准是什么？

皮持衡：其实我对学生的要求并不多。作为我的学生，最基本的是要勤奋好学。如果不勤奋好学，无论如何培养都是一个难题。学生必须自己愿意学习，愿意向老师学习。如果他不看重老师，那就不行，这是第一点。第二，我的学生基础功底要扎实。第三，我的学生要有上进心和责任心。如果跟随老师学习却没有上进心和责任心，得过且过，那就没有意义。第四，我

的学生要有悟性。我认为学生的悟性非常重要。

关于跟诊和学习的要求，我给学生们做过四个方面的要求。第一，继承和创新结合起来，在学习过程中必须有创新的思路。第二，要始终以比自己高一层级的目标要求自己。比如，你是本科生就要用研究生的培养要求来要求自己，不能像本科生、一般的学生那样来要求自己，要用更高的要求来培养自己。第三，要善于看到中医药的特色和优势，要知道中医药的优势在哪里，特色在哪里。如果你不知道中医药的优势，不知道中医药的特色，就会跑偏走向其他方向。若再加上西医学，就更容易看不到中医药的优势，从而丢掉优势。第四，注重临床疗效和水平，以此作为基点要求，时刻督促自己提高水平和疗效。

名医寄语

学我、像我、超我。希望后来的学者一生砥砺拼搏，为中医药增光添彩，以满腔热血为传承中医药而自豪，甘愿为中医药事业书写历史。希望我们的后学者心系医学，始终不分彼此，惠及患者，不争高低。

第五章◯梅国强

梅国强，男，1939 年生，国医大师，湖北中医药大学教授，主任医师，博士研究生导师，广州中医药大学兼职博士研究生导师，第三、第四、第七批全国老中医药专家学术经验继承工作指导老师。

曾任中华中医药学会常务理事、中华中医药学会仲景学说分会顾问、湖北省中医药学会副理事长、湖北省中医药学会仲景专业委员会主任委员、《中医杂志》编委、湖北省科学技术协会常务委员、湖北省《伤寒论》重点学科带头人。1992 年被评为湖北省有突出贡献的中青年专家，同年享受国务院政府特殊津贴。2002 年获湖北省卫生厅颁发"湖北省知名中医"荣誉称号，2004 年获湖北省人民政府学位委员会和湖北省教育厅颁发"湖北省优秀研究生导师"称号，2006 年获中华中医药学会首届中医药传承"特别贡献奖"，2007 年获湖北省教育系统"三育人"先进个人称号，2011 年获湖北中医名师称号，2014 年获湖北省人社厅、湖北省卫健委颁发"湖北中医大师"称号，同年被中国科学技术学会评为"全国优秀科技工作者"，2017 年被人社部、卫健委和国家中医药管理局评为第三届"国医大师"，2019 年被人社部、国家卫健委、国家中医药管理局授予"全国中医药杰出贡献奖"。

1958 年梅国强因成绩优异，从湖北武昌医学专科学校选拔进入湖北中医学院接受中医教育。1962 年 7 月至 1964 年 6 月师承著名中医内科专家、伤寒学家洪子云教授。1964 年留校任教。

梅国强从事中医药工作 60 年，勤于治学，勇于实践，博览群书，识术并湛，尤精于伤寒、温病。曾参与和主编全国高等医药院校教材《伤寒论》、全国西学中普及教材《伤寒论》，参与审定《伤寒论讲义》，并参编多种《伤寒论》类书籍，均已出版。梅国强临证善于运用六经辨证，结合卫气营血、三焦辨证，灵活运用经方，兼用时方，辨治心血管系统、消化系统疾病及妇科、儿科常见病及疑难病；对经方临床运用进行全面发挥，并拓展经方运用，总结出"突出主证，参以病机""谨守病机，不拘证候""斟今酌古，灵活变通"等思想，是拓展经方运用思路的集大成者，其学术思想具有很高的学术指导作用和临床指导价值。梅国强的文章，《拓展伤寒论方临床应用途径》《柴胡桂枝汤临证思辨录》等被《中国中医药报》连载，受到业内广泛关注，其治疗思路亦被业内认可与应用。梅国强用寒湿法成功地建立了太阴阳虚及少阴阳虚的动物模型，揭示了两证的相互关系及病理生理的异同变化，科学地证明了六经传变理论的客观性，他建立的这个动物模型被誉为"第一个真正的中医经典的证候病理模型"。梅国强认为，中医理论来自实践，理论水平要想提高，不能仅仅是书本，而是要结合临床实践，分析病情如何转化，应该怎样调整治疗方案。有些病案非常有启发性，可以进一步研究，这是对中医学术的一种传承。

名医之路——听党话，强信念，学贯中西

访谈者： 您是怎么走上中医之路的？

梅国强： 我出生于中医世家，因祖父去世较早，他行医时我没有见过，但从小在家中看到我父亲为许多人治病。我的父亲是农村医生，他一辈子在农村给人看病。新中国成立后，农村医生组成了联合诊所，后来他就在乡卫生院行医。所以，我始终坚信中医能够很好地为群众服务、治疗一些疑难重症和急性病。但起初我并不想学医，因为我读书都是在新中国成立后，中学时期正值新中国成立初期。国家当时需要进行大量建设，急需工业方面的人才，所以当时的学生，包括我在内，想多读些书，然后在工业上为祖国建设贡献力量。当时我抱着工业强国的思想，志愿是成为一名工程师，至于具体是哪种工程师并不重要。我走上学医之路有些误打误撞，因为我初中毕业后正值农村改革，私人诊所组成联合诊所（联合诊所是后来的乡卫生所的前身）。父亲的收入来源从个体行医转为依靠工资，家里兄弟姐妹七个，再加上父母共九口人，全家突然变成了靠工资生活，经济上变得紧张，我继续读高中在经济方面就显得困难。于是我不得不面对现实，放弃读高中，选择不需要费用的学校。当时有两种选择：一是师范学校，二是读医专。那个时候初中毕业可以读师范学校或师范专科。读师范是我的班主任给我的建议，但当时我还小，有逆反心理，所以就没有读师范，没有当老师。1956 年，我考取了武昌医士学校，后改为武昌医专。虽然我当时不想当医生，但当时的青年人有一个根深蒂固的观念——经过考试，考上了，你进入了这个门槛，这就是你的职业，你要忠于自己的职业，好好学习。于是我在服从现实的情况下进入了武昌医专，学习西医。进入医学领域后，我只有一个信念，就是我将要这条路走到底，为人民服务。1958 年，湖北中医学院获批建立，1959 年正式招生，当时学校从武昌医专选拔了 108 位学生读中医，我就是这 108 人中的一员。当时我学西医刚刚上路，也有了学习的兴趣，本想继续学习西医，但我还是决定服从党的安排和分配，党叫我学中医，我就学中医，于是

就很痛快地就转到中医学了。从那时起，一直到今天，我一直坚守在中医阵地，一直坚守在湖北中医药大学工作。因此，我是在客观条件下（服从党的安排）走上中医之路的。

我参加工作后，我回想起父亲在农村为人治病，觉得中医里确实有很多宝贵的东西。一个学西医的人来学中医，会遇到很多困难，两种学说会在脑海中产生冲突。学西医时，解剖学认为膀胱是储存尿液的，而学中医时，膀胱为"州都之官，津液藏焉，气化则能出矣"，中医认为膀胱是储存津液的。起初对这个理论完全不理解，怎么学中医连理论都变了呢？即使不懂，我也硬着头皮继续学，然后在不断地学习和实践过程中，才逐渐理解了所谓的"膀胱者，州都之官，津液藏焉，气化则能出矣"，是中医脏象学的膀胱。这个理论能在临床上解决许多问题。

先学西医再学中医，确实有些困难，但正是因为先学了西医，在后期从事临床时，西医的思维方式和基础知识为我在临床思辨中提供了更大的空间，并且在学通中医后，西医的知识还能起到辅助作用。

访谈者：在您成长为名中医的过程中，有哪些人对您产生了重要影响？具体是什么影响？

梅国强：第一，在学习的过程中，成为名医并不是我最初的目标。在这个过程中，在某个阶段遇到问题时，要勇敢地去克服它。我的目标是在不断工作和思考的过程中，逐步提高自己。朝着这个目标前进，才有可能成为名医。所以我认为，名医是可遇不可求的。当时我从未想过自己将来会成为名医。现在算不算名医呢，我也不敢这样称呼自己。

我认为，要成为一名好医生，需要做到：第一，要能为老百姓解决问题，有效治疗，减轻他们的痛苦，提高患者生活质量，甚至延长寿命，这些都是医生的天职。当医生就是为了解决这些问题。要想在中医学中不断进步，首先要热爱它，坚定理想信念。了解之后才能热爱。年轻时对问题的认识不深，后来慢慢认识深化了。所以读书时首先要热爱中医，如果你不热爱这一行，想进步是很困难的，这是我的体会。第二，作为一个中医师，从年轻时临床经验不丰富，到逐渐成长，中间需要一个引路人。这个引路人，就是我的好老师——洪子云教授。洪老师言传身教，影响了我一辈子。我的老师话不多，但很实在，对学生的要求非常严格。我的老师性格和其他老师不太一样：如果他对这个学生不闻不问，不太管，就说明学生没有按照他的想法学习。对你要求越严格，批评得越多，说明他越关心你，看好你。所以洪老师是我这辈子遇到的最好的引路人，他是我中医道路上的指明灯。从他那里我学到了中医知识，也学会了如何带学生，就是要言传身教，身教重于言传；要真心对待学生，严格要求。我认为，"授人以鱼不如授人以渔"。

职业认同——接地气、勇担当，坚守仁心仁术

访谈者：老师，您能谈谈对医生这个职业的态度和看法吗？

梅国强：我觉得中医这个职业首先要接地气，年龄越大，职称越高，越要接地气。因为我们医生服务的对象是老百姓，甚至有些是家庭很困难的老百姓，只有接地气，有为群众解决痛苦的决心，才能认真负责地去帮患者解决问题。在这个前提下，碰到问题才能够刻苦地钻研，去想办法解决原来解决不了的问题，才能够在不停地工作中提高。我的老师教育我，碰到别人不愿意看的病、很难治疗的病，要迎难而上。洪老师处理问题的这种倔强的性格影响了我。所以我到现在碰到什么难题，首先是想办法跟患者交流，跟患者说清楚：你这个病很难治，我也没有把握，但我会尽最大的努力给你解决。

20世纪60年代，我刚刚毕业不久，武汉发生了流行性脑脊髓膜炎（后简称"流脑"）。这在当时是很大的流行病，几乎每家医院都要腾出病房来收治患者。当时对于流脑，西医是有特效药的，即青霉素加磺胺，这是全世界公认的方法。湖北省卫生厅要求我们附属医院开展中医药治疗"流脑"的任务。我们医院开辟了一个病区作为中医治疗组收治流脑患者，由洪老师带队（带了四个和我一样刚毕业不久的年轻人）。在当时的条件下，大家都认可西医的王牌药，尚有一定的死亡率，而用中医药治疗流脑没有先例。中医治疗流脑的方子即便以前治过，也不是像现在这样大面积地治疗。洪老师当时硬着肩膀把这个担子接了下来。治疗的结果是，在将近四个月的时间内，共治

轻型、普通型"流脑"287例。中医治疗组治疗效果与青霉素磺胺组相当，除了10例中途改用西药治疗外，其余病例均用中药治愈（配合西医支持疗法），无一例死亡。经过这一次锻炼之后，更加坚定了我的信念，中医确实能解决问题。一个医生的成长，像这样经过一些实践的锻炼，可以在实践中摸索提高，而且事后对书本的领悟，要比过去强得多。所以我说，要成为一个比较好的、能够解决问题的医生，要勇于担当。

访谈者：您实现了您的什么梦想，您还有什么梦想？

梅国强：我虽然老了，但是东隅已逝，桑榆非晚。为了中医药事业，我必将恪尽职守，鞠躬尽瘁，死而后已。如果说我这一辈子的工作能够无愧于人民，无愧于学生，无愧于患者，那就是我这一生中最大的愿望与梦想！

学成中医——能吃苦，善学习，勤总结，促思维

访谈者：您认为学习中医和从事中医可以分为哪几个阶段？能介绍一下不同阶段您学习中医的体会吗？

梅国强：第一阶段是要能吃苦。当医生说起来似乎很简单，就是两"看"——白天看病，晚上看书。这话听起来轻松，实际上并不轻松。作为医生，白天看病一整天，遇到患者反馈效果不好，那感觉真是焦头烂额。回到家，就要翻书。这时的翻书不是局限于读哪一本书，而是带着问题去找答案，与平常读书不同。很多时候要么你读了几年都没有收获，要么突然之间读到一本书，觉得其对临床很有帮助。这一下子，就把思维打开了，思路也随之打开了。那些原本无法解决的问题也会随之迎刃而解。

第二阶段是要带着问题读书。举个例子，比如多形红斑是一种很难治愈的皮肤病。患者会发高烧，浑身出现很多小红疹，奇痒无比，并且高烧不退。患者一般不愿意使用激素，但使用激素后，体温在两三天内就退下来，皮疹也逐渐消失，但往往激素减量还没到一半，体温又升上去了，反复几次，患者便会被转到中医病房。我负责中医病区工作时，遇到一位患者，体温一个月内居高不下，最高可达39℃，每天到了下午或晚上体温才

会降下来，但也降不到正常水平。这一个月，我负责他的监控治疗，但效果不好。后来怎么解决这个问题的呢？当时我每天晚上回家看书寻找清热解毒的方法。患者高烧持续了一个月，又坚决拒绝使用激素。我们每三天开一次药，每三天找一个清热解毒方子，无效，再换一个，整天就在清热解毒的圈子里跳不出来。有一天我翻到《医宗金鉴》的《外科心法要诀》，有一段关于赤白游风的描写让我猛然醒悟。这一下子就点醒了我。书上说这个病是由于表虚，腠理不密，由风邪袭入而成。为什么这几句话让我警醒呢？因为这个患者固然高烧，但到了晚上，身上会多汗，一边高烧一边多汗，还微微恶寒。因为他病在高烧，当时就没有特别注意出汗的情况，只注意到他高烧的症状。这就把患者出汗的情况忽略了。患者出汗后又恶风寒，是因为患者这一个月生病、发烧，身体虚弱了，因而对微恶寒，未能引起重视。至此，我才发现开始就忽略了这两点。后来一看，《医宗金鉴》有这段描述，大意为表虚腠理不密，风邪袭入，可能是营卫不调，营卫不调也可以发烧。《医宗金鉴》提到该证初用荆防败毒散。我没有用这个方子，什么道理？荆防败毒散是发汗的。这个患者汗多，能用发汗的方法吗？不能用。这时，我被敲醒了，回到《伤寒论》中找答案——提到营卫不调，那不是桂枝汤最好吗。桂枝汤几味药加减，我处方草稿都打好了。晚上我去找洪老师，把患者的病情告诉了他，我说我想用这个办法，问洪老师行不行，洪老师说你这个想法很好，可以试一下。听到老师说可以试一下，我的腰杆一下子硬了。于是就用了，结果这个患者真的用桂枝汤治好了。多形红斑这个病内科医生见得不多。后来在一次学术讲座中，我提到这一点，有位广西的医生说他用桂枝汤也治好了一例这种病。所以遇到问题时，带着这个问题去看书，看到合适的地方就会警醒。这一警醒，会让你的思想突然开阔。带着问题看书，收效往往比平时阅读好。平时阅读是基础，读的书多，遇到问题再去看书，效果会更好。

第三阶段就是要自己认真总结。随着年龄的增长，记忆力会有所下降，因此脑海中能记住的东西不会太多。从20世纪80年代开始，我在门诊时就开始留存病案，到现在已经有两万多份。即使到了现在，我仍然没有停止看书和继续学习。在总结中提高也是非常重要的，因为积累了那么多病案，需要整理、分析和提高。通过整理和分析，自然会有所提高。为什么这么说呢？我举个简单的例子，比如小陷胸汤。《伤寒论》第138条中提到："小结胸病，正在心下，按之则痛，脉浮滑者，小陷胸汤主之。"字面上看，这里的"心下"指的就是胃脘部位的疾病。通过积累病案，我写成了《小陷胸汤临证思辨录》，并已经在临床中得以应用。如果没有临床积累和这些病案作为基础，你就无法准确判断小陷胸汤能治疗哪些胸腔疾病。从临床实践看，"心下"除了胃脘部位，上邻心、肺。因此小陷胸汤还可以用于治疗心脏和肺部的疾病（当然需要限定在痰热范围内）。此类疾病病机为痰热侵犯中焦，亦可上犯心肺。所以，小陷胸汤能够治疗因痰热所致的多种胃病、肺系疾病、心系疾病。

最后，我们要培养和提高中医思维，特别是中医辨证思维，以及在临床中的思辨能力。例如，头痛的原因在《伤寒论》中有很多种描述。当你熟读《伤寒论》后，就会明白有哪些原因可以引起头痛。相比现在的温病学和内科学，古籍中关于头痛的内容要丰富得多。那么，如何进行鉴别呢？就是通过反复比较不同类型的头痛，从而得出结论。思考临床中遇到的头痛是什么原因引起的。现在我们将头痛分为风寒型、风热型、肝阳上亢型等几个类型。其实，经典著作中的内容比内科学要广泛得多。这种思维方式需要反复比较一个问题，而这一点，经典著作在某些方面比内科学更为深入。比如，为什么这个案例治疗头痛要用麻黄汤，而那个案例则用白虎汤？这需要反复比较，才能找到答案。尤其是学习《伤寒论》《金匮要略》，包括《温病条辨》的过程中，都要通过反复鉴别和比较来得出结论。这并不是简单地将某种病划分为几个类型，因为即使划分得再细，也不如患者的表现多样。

访谈者： 老师，您认为中医经典在学习中医的过程中起到什么作用？您是如何学习中医经典的？

梅国强： 学习中医经典当然是打基础的关键。至于经典起到的作用，这要看学习的阶段。初学时必须打好基础，必须多背诵中医经典，不背是不行的。就像我刚才提到的小陷胸汤这一条，如果你背不下来，那怎么办呢？连条文都记不住，更别说拓展了，怎么能拓展到治疗肺部或心脏疾病呢？所以，初学阶段的熟读是基础。有了这个基础之后，就要从理论上开始理解。更重要的是，即使你理解得差不多了，还需要反复实践。反复实践是一辈子的事，并不是背会了，理解了，就能应用了。背诵和理解与应用之间还有一个桥梁。年轻人最好有位老师带一带，经过几次指导，这个思路就会慢慢开阔起来。

善治杂病——谨守病机，活用经方

访谈者： 梅老，您善于运用经方和《伤寒论》等经典理论治疗杂病，能否介绍一下您在治疗杂病方面的个人经验或体会呢？

梅国强： 这次新型冠状病毒感染，我在我们医院巴元明教授的协同下，制定了我附院的"新冠一号方"，在临床上治疗约 600 例患者，效果相当不错，没有出现死亡病例。还有一个方剂是从经方中化裁而来的——柴胡陷胸汤加减，即在小柴胡汤合小陷胸汤的基础上加入化痰药。这个方子如果去掉柴胡和黄芩，加入麻黄和杏仁，就变成另一种方剂，我称之为"麻杏小陷胸"。这就是一方两法的转换。我特别强调化痰的问题，后来，尸检报告显示患者肺部充满了痰。我在尸检之前就提出用小陷胸汤解决化痰的问题，实际结果显示，这种一方两法的效果比单一方剂要好。这方面的经验没有太多，只是偶然有一点小的领悟。例如小陷胸汤，我将其用于治疗肺部疾患，如慢性阻塞性肺病（COPD）和间质性肺炎。长期咳喘的病很难治，但如果确实属于痰热阻肺型，要坚持用小陷胸汤，也就是我刚才提到的麻杏小陷胸汤；亦可在麻杏石甘汤中不使用石膏，而是用其他清热解毒的药物，如白英、龙葵、半枝莲、蛇舌草等。西医通常长期使用激素，除了这种方法没有其他有效方法。而我们中医药，如果确实是痰热阻肺证，一定会舌质绛、鲜红。若舌质符合这种条件，长期使用小陷胸汤则没有不良反应。

再一个就是我喜欢用柴胡类方治疗一些疑难杂症。《伤寒论》里面介绍的小柴胡汤的治疗范围很广，临床使用时，我并不是使用全方，实际上，我的处方中多数只用了三味药，即柴胡、黄芩、半夏。这三味药是小柴胡汤的核心药物，其余根据病情加减。使用小柴胡的指征主要有以下几个：第一，是否有寒热现象。第二，有没有胆经所过之处（足少阳胆经的路线很长）酸麻疼痛的症状。我有一个患者，主诉眼睛痛，我将小柴胡汤和葛根芩连汤两个方子结合，患者复诊时表示眼睛已经不痛了，因为足少阳胆经的起点就在眼睛附近。第三，胆腑功能的联系。比如说咽喉，咽喉虽然似乎与胆没有多大关系，实际上咽为胆之使，也就是说足少阳胆经在咽喉这个地方的功能联系类似"大使馆"一样。比如说治疗三叉神经痛，使用小柴胡汤的概率就很高。因为三叉神经痛有三支：眼支、上颚支、下颌支。足阳明经才到下颌支，所以用小柴胡汤或者葛根芩连汤治疗。如果三支痛都很明显，那就干脆将小柴胡汤和葛根芩连汤合用，但前提是这个患者属于热证，如果属于寒证，那就不能用了。

学术特色——寒温汇通，重视舌脉

访谈者：在临床诊疗中，通过对疾病的观察，您特别关注患者哪些方面的信息呢？

梅国强：我经常对我的学生说，虽然我们是伤寒专业，但一定要把温病学好。如果你只学好了伤寒，而没有学好温病，那么将来你就不是一个完整的医生。这是我老师对我的教导，所以我也告诉我的学生，学习伤寒的同时，温病也要学，因为它太重要了。《伤寒论》中提到舌苔的地方较少。如一处是舌上苔者，栀子豉汤主之；一处是舌上苔者之脏结证；一处是阳明少阳合病时舌上白苔者，与小柴胡汤等。虽然现在很多人说《伤寒论》是方证对应，但舌苔和舌质这部分就无法完全方证对应。随着医学的发展，直到清代，我认为舌诊达到顶峰的人就是叶天士。叶天士的《外感温热篇》是一部小册子，去掉注解后不到 1 万字，其中关于舌质舌苔的论述很多，舌质舌苔占的比重大，是温病学对舌诊的一次极大的补充。所以我在临床上，一般会结合伤寒和温病的方法论治。比如说一些胃痛的患者，临床症状都差不多，可能都伴有胃胀、反酸、嗳气、不想吃饭。几乎所有胃痛的患者都是这样的表现，那怎么区别呢？我举个例子来论述我在临床上如何选择使用小陷胸汤还是半夏泻心汤。如果患者的舌质鲜红，或者舌质绛，那我就用小陷胸汤。因为叶天士说"白苔绛府者，湿遏热伏也"，就更加适合用小陷胸汤。如果舌质正常，或者舌质偏淡，那么就选用半夏泻心汤或理中汤。

关于舌质舌苔，再举一个例子。现在有些患者会在大夏天出现恶寒，穿好几件衣服来门诊看病。一边恶寒一边出汗，甚至到了空调房里，手脚还冷。舌头伸出来一看，舌苔厚，舌质红或者绛。还有些患者因此吃附子、干姜，但还是越吃越冷。因为舌质绛、舌质鲜红是湿热阻滞的一个显著特征，包括外感湿热和内伤湿热，临床表现都是以恶风寒、汗多为特点。但若其性质是湿热，附子、干姜反而成为禁忌之品，是不能用的。所以治疗湿热证，我就用温胆汤或者柴胡温胆汤等一类的方子。如果他的舌质不绛不红，就是正常舌质，或者白苔，舌质偏淡，那就只取桂枝汤两味药（桂枝、白芍），其余用药以温胆汤为主。因为湿热证阻滞气机，也会导致营卫不调。过去我不太重视舌质舌苔，但随着理论与临床慢慢结合起来，有很多问题就可以发现、思考、验证。

医患交流——平等相处，以诚相待

访谈者： 您是如何建立良好的医患关系的？您在这方面有什么经验？

梅国强： 我认为良好的医患关系是长期工作积累的成果。首先，要始终坚持与患者交流时保持平等的状态，不要认为自己是医生，患者就必须服从。当然，对于一些非常重要的问题，反复交代和强调并不意味着不平等。这正是因为我们两个人是平等的。我所说的内容需要你听取，我要把道理讲清楚，而不是强加于你。其次，你要让患者知道你对他们是真诚的。比如我们给患者开了一个处方，但价格高了一点，患者可能会怀疑。当然，可能因为病情需要，如用了蜈蚣、全蝎，这个处方就可能贵一些，但这不是你故意用贵药，而是病情需要。所以，有些处方贵是有道理的，并且比不用效果更好，跟患者交待清楚，那患者肯定就不会怀疑你。因此，一个"诚"字虽然容易写，但让患者感受到，需要我们医生一辈子持续努力。我们要一辈子诚心，患者才能信任你。我一般开的药都比较便宜，较贵的药不多，一般就是蜈蚣、全蝎，还有酸枣仁。我记得有一次给患者开了小陷胸汤加味，这个方子很便宜，患者感到吃惊，药都没拿就回家了。晚上来问我："医生，这个药能治病吗？"我说："你这是开玩笑呢，我给你开方当然是为了治病。"他说："这么便宜能治病吗？"我说："如果有效你就吃，无效你可以丢掉再换一个医生。"

然后他将信将疑地把这个方子拿走了，药也拿了，说去试一试，看是否有效。后来第二次复诊时，他说："医生，对不起，这个方子还是很有效的。"所以，你得让患者知道你的诚心。

传承发展——言传身教，榜样引领

访谈者：您选拔弟子的标准是什么呢？

梅国强：我带学生、带研究生没有什么特别的要求。我们工作室的年轻老师都具有较高的学术素养和扎实的中医技术理论。我认为在临床上，言教不如身教。作为老师，关键是要作出榜样，要潜移默化地影响学生。大道理学生们其实都懂。

名医寄语

一、庆祝恩师洪子辰教授诞辰百年

忝列门墙五十年，童颜早逝染霜巅。
常思昔日恩师训，恒作今朝奋蹄鞭。
治病琴心同剑胆，为人名利化云烟。
韶华易逝霞光短，但愿余晖启后贤。

二、《经方临证思辨录·自序》

岐黄大道见虹霓，老眼昏花志不迷。
愿向神州披赤胆，甘为杏圃化春泥。

第六章 ○ 丁书文

丁书文，男，主任医师，教授，博士研究生导师。国内知名中医心血管病专家，山东省名中医。从事医疗、教学、科研工作50余年，擅长治疗心血管内科疾病，对原发性高血压、冠心病、心律失常、高脂血症、动脉硬化、心肌病、病毒性心肌炎等有独到的治疗经验。率先提出心系疾病的热毒学说，发展了中医理论，开拓了心脏病新的治疗途径。积极研究老药新用，率先将传统抗疟中药青蒿、常山用于抗心律失常的治疗，提高了临床疗效。倡导以清为补、以通为补、以调为补的养生保健新理念。开发中药新药"正心泰片""正心泰胶囊""参龙宁心胶囊""心速宁胶囊"四个品种。主持多项科研课题，主编专业著作4部，发表学术论文30余篇，培养硕士、博士研究生53名。

1942年出生于山东单县，1961年考入山东菏泽医学专科学校，1971年3月参加山东省西医学习中医班学习，1978年9月考取山东中医学院内科硕士研究生，师从周次清教授，1981年8月获医学硕士学位。20世纪70年代初，山东省中医院内科成立心血管专业组，丁书文自此在山东省中医院从事心血管疾病的诊治工作。经过20年的临床磨炼，丁书文在心血管疾病的诊断和治疗方面形成了"中西汇通，中西并举"的治疗特色。

丁书文勤奋耕耘，推陈出新，在国内独创性地提出了心系疾病的热毒论新学说，确立了益气活血解毒是治疗冠心病等心系疾病的基本治法，该学说成为指导心系疾病防治的一个新的重要应用理论。他带领并指导研究生从热毒病机对动脉粥样硬化、高血压、冠心病、心肌病、心律失常、病毒性心肌炎等进行系统、深入地临床及实验研究达十余年，提出了心系疾病的热毒学说，建立了热毒学说理论及临床框架，并发表了多篇相关论文，丰富和发展了中医的理论和实践，提高了对心血管危重疾病的防控能力，获得了2006年山东省自然科学奖三等奖。

名医之路——中医启蒙，立志学医

访谈者：丁老师，当初了解到您刚开始是学习西医，是什么契机让您走上了中医之路的呢？

丁书文：小时候，家里姐姐经常生病，当地有个有名的老中医，人们称他为"徐老中医"，我父亲经常把他请到我家，再把他送回去。从那时起，我对中医就有了一个印象：中医是一种文化，能够治病救人，这个职业是一个比较受人尊重的职业。所以从初中毕业以后，我就打算学医，于是我考到了菏泽医学专科学校。在学校里主要学习西医，也学一部分中医。那4年里，除了认真学习西医外，中医课程对我也有很大的吸引力。我记得当时有个卢老师负责讲授内科，讲的一些故事令我至今记忆犹新。他讲到一个传说中的病例。有一个人肠道蛔虫非常严重，贫血，消瘦，皮包骨，肚子很大，肠道里蛔虫很多。他就找一个老中医看病，这个老中医开了个方子：砒霜四两，顿服。这个人取药回家后，他家里人就想，这个砒霜很毒，四两一次吃进去很危险，所以家里人让他只吃了一半。吃了一半以后，这个患者排出了很多蛔虫，像是一大盆农村的面饼。之后，患者的家人又去找大夫，告诉大夫情况后，询问剩下的二两还要不要吃。这个大夫说不能再吃了，再吃会要了命。他讲这个故事时，强调了"有故无殒亦无殒"，就是说用毒药治好了病，再用毒药就会毒死人。当时我对这个故事印象很深刻。最近几年，看到西医在治疗白血病方面，用三氧化二砷做成砷剂治疗白血病效果很好。所以，我想，第一个是中医要会用毒药，敢用毒药，"以毒攻毒"也是一个重要的治法；第二个是用药要恰到好处，用多了、不该用的用了反而会伤害人体。所以我觉得这个例子说明中医治病很有哲学。从那之后，我对中医的印象就很深。毕业后，我正好分配到中医学院，进入一个"中医窝儿"，这里到处都是中医。从那之后，我对中医的兴趣越来越浓厚，也得到了中医学院一些老同事、老前辈的支持和关心，所以我逐渐走上了中医之路。

访谈者：您在学习中医的时候有没有遇到什么困难，又是怎么解决的呢？

丁书文：没有遇到特别大的困难。刚工作时因为学历问题，会有一些限制。1978年，国家恢复了中医研究生考试，我下定决心考研以提高自己的学历。考研的过程比较艰辛，因为从报名到考试只有几个月的时间。当时我的外语很差，对中医基本理论的掌握也不够系统，所以考研对我来说比较困难。我下决心，除了正常上班外，每天都要学习到深夜。那时的生活条件和居住条件都比较差，没有房子，也没有桌子，我们在一个很狭小的房间里，在一个凳子摆上书，然后坐在小板凳上学习。外面的温度有35～36℃，因为房子小，又在二楼，我们屋里的温度更高。那时我苦读了几个月，于是在1978年，我考上了全国首届中医研究生，师从中医学院终身教授周次清老师，终于实现了自己的梦想。

访谈者：丁老师，除了您提到的周次清老师，还有其他老师在您学医的道路上对您产生了影响吗？

丁书文：周次清老师从小就跟随他的亲戚学习中医，并在青岛开设诊所。他非常细致，讲课时娓娓而谈，内容既清晰又富有趣味。周老师在五十多岁时认识到学习西医学的重要性，于是又去学习西医。当时他在山东大学齐鲁医院（后简称齐鲁医院）听那些专家讲解，这种精神令我十分敬佩。作为一名老中医，他在临床上遇到问题时，会查阅经典，翻阅古方。他特别喜欢使用保元汤，这确实是一个非常有效的药方，对于恢复元气、体力和免疫力都很有帮助。

我在工作后跟随的肖珙教授也对我帮助很大，他是齐鲁医院的西医大夫，是我国第一批在上海学习中西医结合专业的专家，学成后在齐鲁医院担任主任医师。我在齐鲁医院学习西医时，被分到心血管专业，曾跟随他学习过一段时间。肖珙教授在中西医方面都有深厚的底蕴，临床诊断中有自己的诊疗思路。他告诉我们，在夏天听诊时，最好隔着衬衣，因为汗液容易黏附在听诊器头上，听诊器容易产生杂音，而隔着衬衣就可以避免这一问题。他还教我们如何区分第一心音、第二心音、第三心音和第四心音，这些方法在西医诊断技术中非常实用。他在诊断上有自己独特的见解，我受益匪浅。

还有我的卢老师，他讲的故事总是蕴含辩证的哲理。比如，他提到一个大夫敢于开四两砒霜让患者顿服，而当患者吃完后剩下二两时去问他，他就向患者解释其中的道理："你不能再吃了，因为你已经没有这个病了，否则会中毒。"他的讲解总是充满哲理。

职业认同——敬畏生命，帮助他人

访谈者： 丁老，能谈谈您对医生这个职业的看法吗？

丁书文： 医生这个职业就是治病救人，是积德行善的职业，同时也是一个非常艰苦的职业。医生在临床上有时需要抢救患者，这不仅危险，还很累，因此医生需要具备不怕苦、不怕累的精神。有些患者可能会大、小便失禁，我们也需要介入处理。因此，我们的工作环境总体上比较严肃，不像在其他场所那样轻松。这个职业确实辛苦，但它的本质是治病救人。作为医生，应该具备奉献精神，应该有仁心，并敬畏生命，更要具有帮助他人的道德品质。

访谈者： 丁老师，您实现了您的梦想吗？您还有什么未实现的梦想吗？

丁书文： 现在我是一名医生，为患者看病。年轻时，我对中医就有很好的印象，到了十几二十岁就实现了当医生的想法。我学医毕业后被分配到中医学院，学院没有让我做医生，而是让我去教研室当老师，我当时积极地要求去医院当医生，也成功调入临床岗位。所以，当医生实现了我的梦想，那就是可以为患者看病。

目前，中医的发展形势良好，相关政策不断出台，为中医的发展带来了强劲的春风。在这样的形势下，我们作为中医工作者，肩负着巨大的历史责任。因此，我认为中医需要快速且创新性的发展。比如，尽管高血压研究已经进行了多年，但降压问题依然没有得到有效解决，许多患者仍然依赖西药。这说明我们中医在某些方面的能力尚不能满足患者的需求。

为了推动中医的快速发展，我觉得虽然我年龄大了，但思维依然清晰。

我想要做一件事，就是办一个书院。在书院中，我们可以讲解文化，传播知识，进行学术交流，从而对中医的发展起到促进作用。对于高血压的研究，我们需要调整方向，逐个攻克病症。近年来，我们对冠心病提出了热毒理论，总体上取得了显著进步，有了创新。在快速性心律失常方面，我们研发了心速宁胶囊和黄连温胆汤加青蒿、常山。在高血压病方面，我们也要对这一疾病进行攻关。每一种病都有其解决方案，但具有相当大的难度，不是一两年就能解决的。

我现在能做的事，就是一个一个地去完成。我准备利用书院这个平台，为中医的发展贡献自己的力量。

学成中医——自信自强，尊重传统

访谈者： 丁老师，您能给年轻的中医学生赠送几句对我们后来的学习有所帮助的话吗？

丁书文： 中医要自信，要自强。中医有着深厚的文化底蕴，是科学的，有疗效的，一定要有自信，有了自信才能自强，要全身心投入临床和科研，要有目标。作为一名大夫，在某个领域，要有所创新突破，要有宏伟的目标。我们的科研要服务于临床、社会效益，不应该限定指标，搞完之后放到实验室来，单一目标地完成科研任务，这样对社会意义不大。我们要学习屠呦呦发现青蒿素那样，争取创造更大的社会效益，为患者的生命健康带来福音，这才是科研的目的。

访谈者： 丁老，您觉得您当时在学习中医的时候，学习中医经典的时候对您的学术思想有什么帮助吗？您当初是怎么学习的呢？

丁书文： 我研究生期间读了四书五经。当时跟随周次清导师，他也给我讲过一些经典，我也读了一些，但不够系统。我觉得阅读经典非常必要。然而，对于临床医生来说，如何有效地阅读经典是一个问题，怎样在临床实践中把经典学好也是一个问题。我认为现在阅读经典面临的最大问题是古文，我们的古文阅读水平普遍不高，因此在文字理解上存在困难，这是主要问题。因此，首先，我们需要购买词典，我家里有很多词典，包括《现代汉语词典》《古代汉语词典》《中华大字典》《康熙字典》等；其次，我们需要阅读一些关于古文、古籍的注释和解释，我家订阅了《光明日报》，里面有许多关于知识、科学、卫生的专栏，还有关于传统文化的内容。有时候，通过这些研究传统文化的专家，看看他们的讲解和文章，有助于理解古籍。

我认为学习经典是一个不断深入的过程。在学习的过程中，一边学习、一边实践和理解；然后再去学习经典，再去实践，再体会，再提高。我觉得学习经典是一个长期坚持的过程，学习经典是为了汲取经典的智慧，并将其与现代医学结合起来，从而对我们的临床工作有所启发，对今后研究的方向有所指导。我认为，临床医生学习经典不仅是背诵的问题，最重要的是理解和领悟其中的精神内涵，以指导今后的工作，增加自信。只有学习了经典，才能了解中医的来龙去脉，理解中医与中华优秀传统文化的联系，才能知道中医是有根有据的，是我们优秀传统文化的重要组成部分，是打开中华文明的一把钥匙，具有重要的指导意义。

善治心病——积累经验，把握重点

访谈者： 丁老师，您觉得心脑血管疾病的核心病机是什么？

丁书文： 心血管病主要包括冠心病、心绞痛、心肌梗死。脑部疾病则包括脑卒中等疾病。这些疾病的主要病理机制是气虚血瘀，因为心脑血管病在西医认识中主要与免疫有关，而免疫与气有明显的关系。免疫紊乱实际上是气虚，因此应以补气为主。此外，还需要化瘀，对于动脉硬化、动脉斑块以及血管内细胞的黏附、血管钙化、内膜增生等问题，应该采取化瘀的办法。根据现代人的体质情况来看，部分人群的生活较为富裕、烟酒过度，导致高血压、大便秘结，舌苔黄厚腻，这属于湿热体质。另外，随着大气变暖，人们的饮食习惯、工作节奏加快，竞争压力增大，这些因素会加重火、热、痰等病理因素的生成与积累。这些病因郁久以后，都可能形成热毒。热毒可以说是目前非常广泛且重要的病理机制。

访谈者：丁老，您在门诊工作时，如何快速识别患者的病因和病理机制，并为他们开出有效的方子呢？

丁书文：这个能力与年龄和经历有关。一个年轻医生在门诊看一个患者时需要很长时间。他们需要详细询问和检查，才能得出明确的诊断，而诊断的准确性可能也不高。相较之下，经验丰富的老医生在临床上更有把握。有些老医生甚至声称他们只需看一眼就能知道病情，虽然夸张了一些，但这就是所谓的望诊能力。有些人说，当医生帮助别人招聘时，只需一看就能判断这个人的能力。有经验的医生通过观察患者，便能知道患者的正气、元气及虚实情况，然后根据患者的自述，再结合切脉、望诊和其他辅助诊断资料，综合得出对疾病的印象，确定病机，并选择相应的治疗方法。有经验的医生在辨证时能抓住重点，尤其是在如今多病多症的情况下，患者病情往往复杂，比如合并患有高血压、冠心病、高血脂、糖尿病、心律失常等多种疾病，甚至可能伴有焦虑、抑郁状态，以及合并肺病或甲状腺疾病等。

很多患者在描述病情时，从头到脚都不舒服。在这种情况下，如何从复杂的症状中抓住主要问题，这需要医生的经验和判断能力。例如，治疗房颤时，患者可能有很多症状，如心慌、心悸、头晕、失眠、出汗，甚至胃部不适、便秘等。我们通过反复思考和验证，从中抓住"多汗"这一特征症状。我们认为，多汗是所有症状中的关键病机，与火邪、火热有关。因此，我们可以选择当归六黄汤这一滋阴降火的经典名方来治疗房颤，能够取得很好的效果。因此，医生诊疗时从众多症状中抓住多汗这一症状，这需要一个过程，通过临床逐渐认识和感悟，最终确认病因。此外，还有一些少见症状，但我们应注意这些少见的症状，偶尔出现的一个症状可能是病情的一个重要因素。

访谈者：丁老师，我们了解到您创立了"黄芪1号方""黄芪2号方"和"钩藤方"。您能介绍一下这些方子吗，并分享一些见解吗？

丁书文："黄芪1号方"是益气活血的，适用于治疗冠心病的气虚血瘀证。首先，黄芪这味药非常好，它能补全身之气、补五脏之气，且不良反应小，不容易上火。它不像人参，有些患者服用人参后会出现阴虚火旺之症。除此之外，我们还使用当归、川芎、水蛭、冰片、葛根等，它们都具有活血化瘀的功效。我最常用的是冰片和水蛭，因为冰片在中成药中很常用，汤剂中较少使用，通常外用。但我们发现，现在一些速效救心丸、丹参滴丸中都含有冰片，它们的应用效果很好。我便尝试将其应用到汤剂中，开始时 0.3g/天，后来改为 0.2g/天，确实很有效果。冰片具有开窍、活血、止痛的功效，所以对于有心绞痛的患者，我们在后期加用冰片，效果不错。

"黄芪 2 号方"主要用于治疗心律失常，我们使用黄芪、生地黄、黄连、元胡、三七、野葛根，能够滋阴清热、活血化瘀。葛根分为柴葛和粉葛，现在这两种都称为葛根，粉葛和柴葛的成分含量、功能有明显不同。粉葛含有一些淀粉，容易引起糖尿病；柴葛含有葛根素，葛根素含量是粉葛的八倍，临床研究表明葛根素主要作用为活血化瘀。

"钩藤方"主要用于治疗高血压病。天麻钩藤饮中，钩藤的药用价值很高。在临床上，我遇到一个高血压患者，给他开了钩藤 30g，共 6 剂药。药房将这些药装在一个袋子里，并注明"钩藤后下"。这个患者不太识字，回家后以为医生给开了 6 剂药，药房却拿了 7 副，多了一副。于是他每天服用一包，服用 7 天后回来告诉我，多出来的那包药吃了之后效果特别好，脑子也清楚了，血压也降低了。那一剂药是 6 副钩藤的总量，即 180g。由此我们认为，增加钩藤的用量后，疗效可显著提高。另外，我们"钩藤方"里没有天麻，该方主要以钩藤为君药应用，除了钩藤外，"钩藤方"还使用了黄连、黄芩、野葛根、川芎等药材，以清肝热、利湿。

医患交流——尊重患者，建立信任

访谈者：丁老师，您是如何和患者建立良好的医患关系的？

丁书文：首先要尊重患者，很多患者都是老年人，他们来到医院后，我们要对患者表示尊重。患者就诊时，如果房间里人很多，我们可以动员其他患者到外面休息，但不要强制要求他们出去，可以说："房间里的空气不太好，外面有凳子可以休息，轮到您就诊的时候会叫您进来。"患者进来以后，我们要对患者态度友好，第一次见面就要给他们留下好的印象。患者觉得医生看病很仔细，得到了尊重，对医生的信任度就会增加。另外，在看病过程中，我们还应该注重疗效。有些病中医治疗效果好，那么在和患者讲述病情时，我们要肯定自己，要有信心，让患者感受到治病的信心。例如，有的患者进来问我是吃药还是搭桥手术，你就要告诉他现在先吃药，暂时不要做搭桥手术。你解释清楚为什么暂时不要做搭桥手术，为什么要先吃药后，他就能理解并依从你的建议。医生给患者的诊断、开方要全面，吃药后有疗效，这一点很重要。如果一次没疗效，二次没疗效，后面他就不愿意来了，所以这一点很重要。

传承发展——热爱中医、刻苦钻研

访谈者： 丁老师，您带过很多学生，您对他们有什么要求吗？是怎样培养他们的？

丁书文： 首先，他们要愿意学中医。我们医院有个大夫，他不愿意学中医，他认为人生最大的错误就是学了中医，他对中医既离不开又不愿意学，只是应付了事。这种大夫是极少数的。我觉得学中医要热爱中医。其次，还要有广泛的知识面。学中医不仅要学习阴阳五行、四诊八纲，我们看问题要敏锐，感悟能力要强，表达能力也要强。最后，要好学，能够耐得住性子。要是坐不住，在西医院三十来岁可能已经是主力了，但在中医院三十来岁可能还没有出名，患者也很少，所以要耐得住性子。真正的中医要在各方面都比较成熟。

访谈者： 丁老师，您对您带过的学生有什么印象特别深刻的事情吗？

丁书文： 我带的学生都很优秀，比如李运伦，他在读博士时研究钩藤，研究得很深入，还申报了一个国家课题。我认为学中医要重视临床，要成为一个好大夫，需要有钻研精神和耐心，对老师的一些经验和教导能够理解、实践和验证，这就是搞科研。现在的科研能力也很重要，但人的精力是有限的，医生要能够兼顾临床与科研。我是这样想的，把自己的经验传给继承人，指导他们三到五年，下一步就是根据继承人的个人特点和爱好，让他们自由发展，不要过多限制他们。有时候老师不理解，但学生们有自己的想法。老师应该开始时做学生们的引路人，之后做学生们的送行者。一代一代，长江后浪推前浪。你看到老大夫经验丰富，可能他的徒弟经验更多，有些老大夫看不惯年轻人的创新，不支持年轻人创新，我觉得这很不对。人们能够自己创造的东西不多，大部分是借鉴别人的。所以一些有创造精神的年轻人，作为老师应该支持。

访谈者：丁老师，除了上面的问题，您还有什么要补充的吗？

丁书文：这次访谈是一个国家的课题，通过这个课题，可以了解一些大夫的经验，从而形成典型案例进行推广。这些中医经验很重要，但我们不要把它局限于经验。这些经验不是一成不变的，可能今天是经验，明天就不是了。可能今天是成果，明天就是废品了。现在我们中医应该向西医学习，西医的思想比较超前，教材不断更新。我们中医是传统文化背景下的医学，在观念、理论和文化上虽然是不变的，但我们的思维、方法和经验需要逐渐发展。

名医寄语

自信自强，凝心聚神，传承精华，守正创新。

第七章　张鸣鹤

　　张鸣鹤，1928 年生，男，浙江嘉善人，知名专家。1955 年毕业于山东医学院医疗系，并留任山东医学院附属医院内科工作。1958 年参加山东中医学院西医学习中医班，1961 年留任山东省中医院工作。现任中华中医风湿病学会顾问，山东省中医风湿病专业委员会名誉主任委员。曾任山东中医药大学内科教研室主任兼山东中医药大学附属医院内科主任，中国中医风湿病学会副主任委员兼山东省中医风湿病专业委员会主任委员。

　　长期以来，张鸣鹤教授一直从事中西医结合临床工作，对内科许多疾病积累了丰富的诊治经验。1964 年，张教授创建了山东省中医院风湿病专科，并逐渐摸索出一套独特的中西医结合治疗方法。曾发表《论痿痹》《清热解毒法治疗类风湿性关节炎》《成人黏多糖病》等论文。获得"全国卫生系统模范工作者""山东省优秀科技工作者""山东省卫生系统先进工作者""山东省职业道德标兵"等荣誉。2003 年 12 月，获山东省人事厅、山东省卫生厅授予"山东省有突出贡献的名老中医药专家"称号，并荣立三等功。享受国务院政府特殊津贴。

名医之路——理论与临床的结合

访谈者： 您是怎么走上中医之路的？

张鸣鹤： 我的从医之路是相当曲折的。我高中毕业后，曾考入上海的电信学校，培训 8 个月后被分配到福州电信局当报务员。那时选择电信学校，是因为它包吃包住并保证分配工作。1947 年，我被分配到福州电信局。1949 年新中国成立后，我回到了家乡。

我从小就对医学事业充满向往。3 岁时我失去了母亲，家人告诉我，她因急性痢疾去世。我大姐因急性阑尾炎去世，小哥哥因肺结核去世。20 世纪 30 年代，这些疾病没有特效药，如今这些病都能治好。5 岁时我得了肠伤寒，高烧不退，上吐下泻，西医无能为力，但当地一位名中医朱飞军用中药治好了我。我父亲也曾因背上生疮痛，用中医的内外治疗法治愈。这些深刻的记忆让我认识到中医的优越性。因此，从小我就想成为一名医生。新中国成立后，我觉得时机到了，于是辞职回到浙江省嘉善县的老家。在当地小学做代课教师，负责补缺课。一个学期结束后，所有教师集中进行一个月的政治学习，我的考核成绩不错，得到县教育局的赏识，被正式聘用到嘉善县杨庙镇中心小学担任五六年级班主任。因生源不足，两个年级合班上课，教学任务繁重。

但我始终觉得报务员和小学教师不是我梦想的职业。第二个学期结束后，我请假去上海，参加新中国成立后的首次全国高考，报考医学院校。当时全国没有中医高等专业学校，于是我被山东医学院录取，终于实现了学习医学的梦想。本科毕业后，我被分配到山东医学院附属医院，即现在的齐鲁医院。1958 年，全国多地成立中医学院，山东中医学院也开办了西医学习中医班，这是个好机会。我报名并被批准，成为山东中医学院第一批西医学习中医班的学员，进行了为期两年半的学习。我学习刻苦，写了一篇论文《论〈伤寒论〉五泻心汤分析》，得到徐国仟老师的认可，并发表在《山东中医杂志》上。因成绩优秀，我被建议留在山东省中医院工作，于是便从齐鲁医院调到山东省中医院。

　　1961年我调到山东省中医院后，我没有再拜师学习，因为当时我是唯一有职称的主治医师，能够独立开展临床工作。经过一段时间的临床摸索，我对内科各系统的疾病都能熟练应对。1964年，我去上海看望在光华医院当护士的表姐，参观了这家以治疗风湿病为主的专科医院。该院以蛇类药物治疗风湿病为特色，主要使用毒蛇浸泡的药酒来治疗。我对此很感兴趣，回到山东省中医院后很快建立了风湿病专科。

　　"文化大革命"期间，我响应毛主席"把卫生工作重点放到农村去"的指示，多次下乡巡回医疗。1978年后，我重新开始风湿病研究，并被任命为山东中医学院中医内科教研室主任，兼山东省中医院内科主任，负责各科室疑难患者的会诊和治疗方案制订。经过多年努力，风湿病专科规模不断扩大，亦有能力承担重要科研项目。

　　目前，我主持风湿病清消学术流派工作室，任务繁重，既要组织培训和讲座，又要总结临床疗效，还要撰写著作。我已出版了两本书，并计划继续写作。我们对中医的认识不仅要传承，更要创新，只有创新才能促进中医事业的发展。中医是个伟大的宝库，只要努力钻研，一定能取得好成果。

　　访谈者：在您成长为名中医的过程中，有哪些人对您产生了重要影响？

　　张鸣鹤：最关键的是当时山东中医学院党委书记向克的赏识，他把我从齐鲁医院调到山东省中医院，这对我发展中医起了关键作用。得益于此，我才能够独立研究、发展中医。

职业认同——大医精诚，德术双馨

　　访谈者：老师，您能谈谈对医生这个职业的态度和看法吗？

　　张鸣鹤：不求名，不图利，勤勤恳恳地为患者服务。这是我行医的原则，不开大处方。在"文化大革命"期间，我下乡巡回医疗，这让我有了许多收获。那时农村非常贫穷，远不如现在。巡回医疗时，我尽量减少患者的开支，针灸便是一个不用花钱的治疗方法。有些病需要中药，我力求做到简单、廉价、有效。这对我来说既是考验，也是锻炼。因此，我现在开处方一般不超过 12 味药。这一切源于不求名利，尽可能地支持、理解和同情患者。山东省总工会授予我"山东省职业道德标兵"的称号，因为他们了解我的工作。我曾为那些无法支付医疗费用的患者垫付费用。例如，在山东省宁津县，有兄妹二人患上强直性脊柱炎，他们的父亲在煤矿工作中受伤，无法劳动，家境贫困。我不仅免费为他们提供药物，还在 1994 年春节时寄了 300 元给他们补贴家用。

还有一位患者患有鹤膝风，即西医所称的特发性关节炎。住院后，他因无力支付费用而主动出院。我了解情况后，写信让他回来，并垫付了 3000 元的住院费。经过治疗，他的腿成功矫形。类似的情况还有很多。当时，很多患者因经济条件限制，无法就医，我都尽力帮助。中央广播电视总台曾就此采访过我，并在中央电视台播出。此事不仅在国内引起关注，也引起了国际观众的兴趣。2001 年，加拿大的一位华人企业家唐洪前通过中央广播电视总台联系我，他的夫人患有溶血性贫血。这是一种自身免疫性疾病，难以治愈。他在多地求医未果后，将病例寄给了我。我为她开了中药处方，并通过电话随时调整药方。经过一年半的治疗，她病情痊愈至今未复发。作为医生，我全心全意为患者着想，寻找最有效的治疗方法。这是我的初衷，所谓医者仁术，仁是仁爱，术是医术。只有具备这种素质，才能更好地为患者服务。

访谈者：您实现了您的什么梦想吗？您还有别的什么梦想吗？

张鸣鹤：我的梦想就是成为一名能够救死扶伤的大夫。现在我有课题研究，希望能够很好地完成它，并继承和发扬中医传统，做到传承与创新并重。我认为实现这个理想最好的办法就是写书，我已写了几本书，今后的课题也要求我继续创作。这样，我的临床经验才能传承下去，希望通过这些著作，将经验传授给下一代。除此之外，没有其他的梦想了。

学成中医——勤求古训，博采众方

访谈者：您能给后学者赠送几句话吗？

张鸣鹤：现在学习中医的人实在是太多了。因为现在是中医热，至少在国内是这样。现在对中医的宣传非常多，但我觉得有些宣传过度，这并不太好。为什么这样说呢？因为中医有些深奥，不是蜻蜓点水就能理解的。有些人可能对中医很痴迷，但他们可能无法真正掌握其精髓，这是个大问题。我经常在门诊遇到一些患者说："我今天早上照镜子，看到舌头下面有两条黑筋，这该怎么办呢？"我说："这有什么好担心的？很多人舌下的静脉都是黑的。"有时候中医的一些知识宣传得太普及，讲得太神秘。有些人每天对着镜子仔细琢磨，看看自己有没有病，搞得人人自危。

真正能够学成中医的人，首先一定要踏踏实实、扎扎实实地学好中医经典，然后博采众长。张仲景说过："勤求古训，博采众方。"谁是古训？我们现在看来，那就是四大经典。博采众议，博采谁呢？博采历代医家的学术思想。这很重要，你不能仅仅抱着一本《伤寒论》，说我背会了，会用了就行了。那怎么行呢？中医博大精深，不是一本书所能涵盖的。要博采历代历家前贤们的学术思想，把他们的学术思想吃透，真正领会，用之于临床，才能成就自己的一番事业，才能达到治病救人的目的，才能充分发挥中医的作用。现代科技和现代医学，尤其是西医，发展得非常快，已经达到了分子水平和基因水平。如果我们中医再不努力，恐怕会落后于人。当然，中医有其独特的优势，如何发挥我们的优势是一个值得思考的问题。不能仅依赖过去的成就，我们常说以前怎么样，但更要看到现在怎么样，将来怎么样。所以作为一名中医，我觉得应该有向前看的态度，不仅要学好中医学，还要认真学习并接受一切新的知识、新的内容，不断丰富我们的中医知识。也就是说，要多学科发展，不能固守在原有的圈子里。

访谈者：您能介绍一下您学习和研究中医的方法吗？

张鸣鹤：论起研究中医的方法，其实主要还是靠自己，中医的经典可以为学习中医打下坚实的基础理论，但在临床上也要学习名家的经验作为参考。我也参考、学习了一些名中医的临床经验。我比较敬仰的是中国中医科学院西苑医院的名老中医岳美中，他的一本著作我至今还保留着。岳教授医德医风相当不错，为人相当朴实。他的医术相当高明，我很受启发、很受教育。我在临床上也吸收了一些其他名家的经验，同时也广泛阅读名家医书。我认为像《景岳全书》《诸病源候论》《类证治裁》《张氏医通》《历代临证医案》这些书，都是值得参考学习的，但是也不能完全照搬别人的经验。岳美中有一句话，我很佩服，他说："不能用'死'方来治活人，别人的经验和处方是'死'的，可病人是活的，所以不能用'死'方法去治活人。"这句话说得相当透彻，别人的经验我们不能生搬硬套，要灵活变通，把"死"方子变成"活"的方子，才能很好地在临床上应用。所以，参考别人的经验是可以的，但要消化好，自己能够融会贯通、随机应变。这是年轻医生提高医术的一个重要因素。

善治风湿——把握病机，同病同治

访谈者： 您在门诊中都采集患者哪些信息？如何全面认识患者的病因病机？有哪些因素会对疗效产生影响，您如何理解这些因素呢？

张鸣鹤：临床上患者的信息，舌脉可以互相参考印证。比如说，有的患者说她是产后风湿，怕风，怕冷。然而，我摸她的脉象，发现是滑数的脉象。她穿的衣服在现在这个季节算是比较单薄，所以她说怕风怕冷，但结合她的临床表现和舌脉观察，这个寒象并不明显。因此，不能因为她说怕风怕冷就一味地使用热药。所以，不能完全依据她所描述的症状，而是要很好地参考她的临床表现和舌脉表现来制定治疗方案。

再比如说白塞氏病，主要表现为口腔溃疡。根据《金匮要略》的描述，白塞氏病与中医所说的狐惑病相似。《金匮要略》上说："狐惑之为病，状如伤寒……蚀于喉为惑，蚀于阴为狐。"治疗该证主方是甘草泻心汤，同时还建议用雄黄熏蒸、苦参汤清洗。从《金匮要略》来看，狐惑病之治则主要是清利湿热，因此甘草泻心汤中使用了黄芩、黄连、大黄这些苦寒的药，同时还建议用当归连翘赤小豆汤，这些都是清利湿热的方药。有的白塞氏病偏于营血内热，因此要观察患者舌质是否干燥，脉象是不是快数的。白塞氏病不一定都是湿热的，也有阴虚内热的。

再比如治疗痛风，痛风患者的主要病机是湿热。很多痛风患者喜欢喝酒，而酒能助湿，因此治则为清利湿热，而不仅是消炎止痛。临床上，不仅要熟悉患者的症状和病机，还需要了解一些检验、医疗器械的诊断方法。例如，有些患者在当地医院被诊断为强直性脊柱炎，主要病理改变在骶髂关节炎。因此诊断该疾病需要看片子。曾经有个患者到我这里来，他说在当地被诊断为强直性脊柱炎，但拿出他的 X 光片和 CT 片来看，我发现骶髂关节根本没有问题，因此排除了这个诊断。如果医生没有诊断技术的水平，不会看片子，只会开药是不行的。因此，对于检验手段，医生要了解。化验检查中，有的患者在当地医院被诊断为系统性红斑狼疮，但当我查看化验指标，发现一些重要的狼疮指标——抗双链 DNA 抗体、抗核小体抗体、抗 SM 抗体，都是阴性的，那这位患者就不能诊断为系统性红斑狼疮。因此，如果你不了解、不掌握这些检验、检查知识，你的医疗水平就无法提高，诊断都不明确，更不用说怎么治疗了。所以说医生的素质需要具备什么条件、什么技能，不仅是看临床表现，还要很好地掌握这些基础的医疗参考手段。

学术特色——大道至简，审证求因，求本治疗

访谈者：您是如何理解类风湿关节炎的？它的核心病机是什么？有哪些常见证候？您在临床上是如何治疗的？有哪些常用方、核心方药及其特点？还有其他的疗法吗？

张鸣鹤：类风湿关节炎是我最熟悉的疾病之一。真正典型的类风湿关

节炎通常表现为红肿、热痛和关节炎症。因此，无论是风湿性关节炎、类风湿关节炎、骨关节炎、银屑病关节炎，还是幼年特发性关节炎，都是关节炎，都是炎症。我的理解是，炎症的主要临床表现就是红、肿、热、痛。所以，有炎症就有热，有热就有火。因此，我的学术理论是因炎致病、因炎致痛、炎生热毒、因炎致痹，我主张治疗风湿病以清热解毒为主，然后才是祛风胜湿、活血化瘀。这些观点在我的书《清热解毒法治疗风湿病》中都有体现。类风湿关节炎主要侵犯小关节，如手指关节、脚趾关节和腕关节等，风湿性关节炎通常累及大关节。这些小关节会红、肿、热、痛，甚至变形。如果不接受治疗，很容易导致残疾。我在这本书中提供了一些常用的方剂，例如通痹汤，消痹1号方、2号方、3号方、4号方和5号方。虽然西医常用羟氯喹、甲氨蝶呤等药物，但我通常不主动使用西药来治疗风湿性关节炎。因为我对中药治疗有信心。不过，如果患者临时急性疼痛，吃些止痛药缓解症状是可以的，但从根本上治疗还是要依靠中药。

医患交流——宽慰患者，建立信任

访谈者： 您是如何建立良好的医患关系的？在这方面有什么经验？

张鸣鹤： 建立良好的医患关系，不仅是我主动去建立的，最主要的是能够很好地同情患者、理解患者、帮助患者，这是非常重要的。因此，我和患者的关系非常融洽。无论多忙，我的门诊限号是30个，但我往往看到40个，甚至更多。因为患者远道而来，我会尽量给他们看，尽量做到有求必应，尽最大努力为患者服务。

传承发展——品质优良、痴迷中医

访谈者： 您选拔弟子有哪些标准呢？

张鸣鹤： 我的学生应该热爱中医，愿意为中医事业添砖加瓦，还应该具有善良的品质，懂得体谅患者的疾苦，以解除患者疾苦为使命。在学习上，我要求学生勤奋刻苦、博采众长。我和科室的同仁关系非常好，因此我的学生不仅在临床上能够继承我的学术思想和诊疗技术，也能够很好地团队协作。我会继续写作，期望在书中记录我的临床经验，这是一种很好的传承方式，也有助于学术创新。当然，我也希望我的学生能够青出于蓝而胜于蓝。

名医寄语

学成中医需要"精、诚、仁、和"，做学问要不求名利，精益求精，对待患者要有仁爱之心。

第八章◯马　骏

马骏，男，1940 年生，安徽六安人，主任医师，博士研究生导师，首届全国名中医，国家级名老中医，第二、第三、第四、第五、第六批全国老中医药专家学术经验继承工作指导老师，全国优秀中医临床人才研修项目培养对象指导老师，安徽省首届国医名师，安徽省中医药学会脾胃病分会名誉主任委员，安徽省中医药学会常务理事、学术顾问。2018 年获安徽省中医药发展突出贡献奖。

马骏幼年读私塾，聪颖好学，15 岁拜六安名医王焕章为师，学习医术 3 年，熟读《黄帝内经》《伤寒论》《金匮要略》《本草备要》《药性赋》等中医经典和基础书籍；出师后在独山镇卫生院从事临床工作 2 年余。经过 2 年多的临床实践，自觉学识不足，遂在工作同时再投名师，于 1960 年至 1962 年在安徽省中医进修班师从张琼林、杨开林等，并于 1963 年至 1966 年参加安徽中医学院函授大专班的学习。其间，他的中医理论知识得到较大提高，1961 年在中医药技术比武中获六安地区第一名。1972 年至 1975 年在北京中医研究院广安门医院进修，师从蒲辅周、路志正等国医大家，并参与《蒲辅周医疗经验集》编写，学术水平得到进一步提升。1975 年返回安徽后，由六安调至安徽中医学院附属医院从事医疗、教学工作。1979 年被聘为主治医师。1979 年至 1983 年在西藏自治区人民医院从事援藏医疗工作。1984 年 3 月任安徽中医学院成人教育学院副院长。1988 年 8 月任安徽中医学院第二附属医院副院长、副书记，并于 1989 年被安徽中医学院聘为副主任医师，1994 年被聘为主任医师。1996 年任安徽中医学院第二附属医院党总支书记。在担任行政管理工作期间，他一直坚持不离开临床，每周出诊 3 至 5 次。2002 年退休。曾任中华中医药学会内科脾胃病分会常务理事、顾问，安徽省中医药学会常务理事、顾问，安徽省脾胃病专业委员会主任委员。

马骏从 1955 年开始学习中医至今，历时近 70 个春秋，其中有许多艰辛困苦和成功的喜悦。回首马骏的成才之路，我们也能从中获得许多有益的经验。

名医之路——理论与临床的结合

访谈者：您是怎么走上中医之路的？

马骏：我 7 岁时进入私塾学习，研读诸子百家，后来经亲友介绍，随师学习医术。起初学习诵读名医古籍、汤头药赋、经络穴位等，后来更加喜爱阅读中医各家的著作，对本草、医案、医话、医论等多个方面都很有兴趣。

访谈者：在您成长为名中医的过程中，有哪些人对您产生过重要影响？具体是什么影响？

马骏：回顾我的行医之路，我很幸运得到了许多贵人和名医的帮助。在我 15 岁时，我拜师于六安名医王焕章门下，随师研习岐黄之术，进行临床学习，为我的行医之路打下了扎实的基础。到了而立之年，我被选拔赴中国中医研究院广安门医院进修深造，先后师从蒲辅周、路志正等大师。两次系统学习，使我早年所学的中医药理论得到了进一步升华，对现代医学也有了更加深刻的理解。同样帮助我很多的还有刘志明、沈仲圭等医学大家，由于需要感谢的人太多，就不一一赘述了。

职业认同——大医精诚，德术双馨

访谈者：您能谈谈对医生这个职业的态度和看法吗？

马骏：医生这个职业应以解除患者的痛苦为天职，无论在专业素养上还是在道德品质上都要做到优秀的程度，要配得上他人的尊重。

访谈者：您实现了您的什么梦想，您还有什么梦想？

马骏：我的梦想就是当一名医生，很开心，我已经做到了，要说还有什么梦想的话，与其说是梦想，不如说是希望，希望有越来越多的好医生、好中医，一起共同奋斗，让我们的祖国医学能够越来越发扬光大。

学成中医——勤求古训，博采众方

访谈者： 老师，您觉得中医经典在学习中医过程中起到什么作用？您是如何学习中医经典的？

马骏： 优秀的医生需要有深厚的理论功底，中医经典就是我们的根，是我们不能离开的土壤，但是学习中医经典也要发扬古义，融会新知，对古人的东西必须做到"去粗取精，去伪存真"，不能一成不变，生搬硬套地去使用，师古而不泥古。我学习中医经典从诵读开始，具备一定基础后，就根据自己感兴趣的方向，带着问题去阅读、去学习。

善治脾胃——精于辨证，擅用经方

访谈者： 这么多年您治了那么多类型的胃病患者，请您讲一讲，我们应如何从中医的角度来思考和认识不同类型的脾胃疾病？

马骏： 治疗脾胃病应在"调和致中"的宗旨下，遵循"权衡病机，升降同用，润燥并举，通补兼施，寒热并调"的原则。脾胃病的治疗方法包括"温、清、消、补、和、疏、润、升、降、通"十法。在治疗过程中，可以在"调和致中"的理论指导下使用固定药对。在选用"对药"时，强调平衡阴阳，兼顾润燥、升降、散敛、通补，统筹兼顾，制方时对药相伍为用，调理气机的升降出入；或者利用相反相成而达到治疗效果；或以辛开苦降，以平和为目标，力求"调和致中"。

以萎缩性胃炎为例。萎缩性胃炎多由慢性胃炎失治、误治、病情迁延而成。其病机为本虚标实，本虚是由于胃阴虚、脾阳虚，导致产生痰湿、食积、气滞、血瘀等病理产物。其生理功能及病理变化，不外乎纳与化、升与降、燥与湿三对矛盾变化的结果。这三对矛盾虽然常常错综复杂，但归纳起来，症状虽异，但其证型不外乎寒、热、虚、实四大纲；治法虽多，尤不出温、清、通、补四大法。审证求因、辨证论治是慢性萎缩性胃炎诊治的根本之道。治疗萎缩性胃炎常用方剂有四君子汤、四逆散、左金丸、二陈汤、金铃子散、温胆汤、麦门冬汤、陷胸汤、丹参饮等。

学术特色——整体辨证，四纲并举；以和为贵，十法治脾胃

访谈者：如果要是让您总结您自己的学术经验、学术特色，您会如何概括呢？

马骏：①在学术上，应遵循中医学整体辨证的理念，强调分期论治，崇尚脾胃学说，重视脾胃在中医脏腑理论中的主导地位。调和阴阳，坚固五脏，应以脾胃为本；治疗杂病时往往从脾胃立法遣药。重视脾胃后天之本及顾护胃气的重要性。脾胃得顾，生化有源，邪不可干，诸脏皆强；脾胃健旺，元气充足，则体健无病。

②在临床诊治中，注重"证辨、寒热、虚实、气血"。在治疗脾胃疾病时，以"证辨"为纲，"寒热、虚实、气血"为目，重视纲要，纲目并举。临床上应强调脾气主升，胃气主降，脾以升为健，胃以降为和。选方用药力求和缓，切忌追求标新立异。治疗脾病时，常用健脾、益气、升提之品，以"醒胃汤"为代表方；治疗胃病时，力求平衡通顺，多用和中、清利、降逆之药，以"清胃和中汤"为代表方。立方追求全面权衡，重点突出，统筹处之，以"和"为贵。

③用"和"法治疗脾胃病，随证合用经方、古方、时方、验方，灵活化裁；脾胃病的证治遵循"权衡、寒热、升降、润燥、通补"十字。临床上，急则治其标，务求其通；缓则治其本，务求其平；即所谓"胃病贵在平衡通顺"，用药轻清流动，滋而不腻，稍佐行气之品，以动中有静，适其升降之性。

④针对脾胃病虚实夹杂、寒热错综、脏腑同病的病理特点，脾胃病治疗十法为"温、清、消、补、和、疏、润、升、降、通"，分别为散寒通阳法、清热和中法、消导醒胃法、补气健脾法、和中醒胃法、疏肝和胃法、养阴润胃法、升清益胃法、降逆调胃法及化瘀通络法。这十法提纲挈领，简而有

效，根据临床需要可单独使用某一法，亦可兼用多法，常常屡治屡验。

医患交流——宽慰患者，建立信任

访谈者：您是如何建立良好的医患关系的？在这方面有什么经验？

马骏：简单来说，就是相互理解，相互尊重，多多沟通。接诊的患者很多，听过的故事也不少，现在让我说一件，一时还真的想不起来，总之要真诚对待患者。

传承发展——品质优良、痴迷中医

访谈者：您选拔弟子的标准是什么呢？

马骏：好学，肯学。弟子的培养要遵循古法，也就是弟子要多跟随老师抄方、跟诊。

名医寄语

> 学习中医一定要博览群书，重视实践，以理论指导临床，集各家之长而无门户之见，师古而不泥古，重视临床，重视实践，回归根本。

第九章 ◯ 张小萍

张小萍，女，1944 年生，江苏镇江人，中共党员，全国名中医。江西中医药大学教授、博士研究生导师。第三、第四、第五批全国中医临床优秀人才研修项目指导老师，第四、第五、第六、第七批全国老中医药专家学术经验继承工作指导老师。

曾任中华中医药学会脾胃病分会顾问。现任江西中医药学会脾胃病学会名誉主任委员，江西省传统中医药研究会名誉理事长，以及江西省中医药学会资深专家学术咨询委员会第一届委员会副主任委员。享受江西省卫生厅特殊津贴。

2001 年，她被江西省卫生厅、人事厅评为江西省名中医。2004 年，她被江西省教育厅评为江西省第二届高校教学名师。2006 年，她被江西省教育厅评为江西省优秀研究生指导教师。2017 年，她被评为首届全国名中医，同年，张小萍全国名中医工作室入选《中国中医药年鉴》。

她从医近 60 载，出身于名医世家，家学渊源深厚，对父辈的学术思想多有继承和发挥，对脾胃学说的研究多有创见，尤其对脾胃气机出入的认识，提出了脾胃气化学说，并广泛应用于临床。她主持省厅级相关课题多项，发表相关论文 100 余篇，出版医学专著多部。其中，她主编了《张小萍脾胃气化学说与临证经验》《脾胃气化学说临证运用及发挥》、中国现代百名中医临床家丛书"十一五"国家重点图书之《中国现代百名中医临床家：张海峰》，并参与华东地区中医院校教学参考书《中医内科医案精选》等医学专著的编写。她还担任《中医藏象与临床》《新编中医内科临床手册》以及全国中医院校各科课程习题集《中医内科学习题集》的副主编，并参编了人民卫生出版社 21 世纪课程教材和上海科技出版社精编教材《中医内科学》。

学术方面，张小萍提出脾胃气化学说，该学说不仅追本溯源，从阴阳入手，将脾胃气化概括为"升降有度、纳化相因、燥湿相宜、出入有序"十六字，即以燥湿相宜为体，纳化相因为用，升降有度、出入有序为气化的运动形式，对于脾胃气机出入的认识，多有创见。临床方面，善于运用阴阳五行学说，将经方与时方并用，治疗各种疑难杂症，尤其对急慢性胃炎、消化道溃疡、胃癌癌前病变、反流性食管炎、急慢性胰腺炎、溃疡性结肠炎、慢性肝胆等疾病的治疗有独到之处。

在行医过程中，张小萍一贯认为"医以德为先"，始终把患者放在第一位，时刻为患者着想，坚持简、便、验、廉的中医药疗法，反对滥开贵重药。认为医术和医德相辅相成。她重视人才培养和学科建设，为中医教育呕心沥血。她担任教研室主任长达26年，是江西省重点学科《中医内科学》学科带头人，长期承担本科和研究生教学。她积极承担国家继续教育项目，连续9年举办培训班，多年来培养硕士研究生30余人、博士研究生9人、全国优秀人才近20人。

名医之路——往来皆名士，家学渊远传

访谈者： 您是怎么走上中医之路的?

张小萍： 我是遵从父亲的意愿来学中医的。当时我高一读完后，父亲找我谈话。他告诉我中医学院有一个五年制的直升班，很合适。我选择了五年制的大专班，从高二那年开始读。我们班的同学有的是初中毕业来的，有的是初二跃进班的学生，年龄差异很大。刚进入学校时，我的专业思想并不坚定。我原来偏爱文学，但父亲希望我往这方面发展，我便顺应了父亲的要求。进入学校后，在这个中医的殿堂里，我逐渐受到了一些熏陶，再加上家庭的影响，我对中医逐渐产生了兴趣。于是我开始学习一系列中医基础知识，背诵《药性赋》《中医基础理论》《中医诊断学》。随着学习的深入，我对中医的临床部分，如辨证施治等产生了兴趣，觉得中医很深奥，值得去学习。

访谈者： 您父亲让您学中医之前，您是否接触过中医?

张小萍： 接触过一些，因为家里经常有人来看病。有患者来家里看病时，我在家会遇到，有时还会听到问诊。因为家里房子不大，所以多少会听到些。尤其是当我看到患者第二次来，说症状有所改善，甚至有的疗效很好，这让我对中医感到好奇，并逐渐产生了一点兴趣。

访谈者： 在您成长为名中医的过程中，哪些人对您产生了重要影响? 具体是什么影响?

张小萍： 对我影响最深的还是我的父亲。我出生时，爷爷已经去世了，所以我没见过爷爷，但我见过他留下的一些手抄笔记，我的爷爷是江西的四大名医之一，在江西有很大的影响力。

在家学传承上，父亲对我帮助很大，分享了很多经典的案例供我学习，对我的中医之路影响很大。父亲曾给我讲过一个故事，我在上课时也和学生们分享过。19世纪20年代，爷爷给何香凝治过病。何香凝是廖仲恺的妻子。当时她胁痛如刀割，动弹不得。爷爷只用一包药就止住了胁痛，药方是枳壳

和桔梗，也叫枳桔散。这药方的功效是调节脾胃的升降，方中桔梗的用量是枳壳的两倍，属于升多于降。

后来，我在带学生上课时，经常举这个例子。我在出诊时遇到过一例胁痛的患者，这个患者因为搬重物导致胁痛，痛得无法转身，我用了枳桔散，但没有仅用这两味药，而是稍作加减（因为她有冠心病，心脏供血不足，舌苔有点腻，我在枳桔散的基础上加了瓜蒌薤白半夏汤和丹参饮）。她吃了两包药就好了，这是一个枳桔散治疗胁痛的典型病例。

除了父亲之外，我的老师姚荷生教授对我的从医之路影响也很大。姚教授是一个非常好的老师，他看病的时候问诊非常仔细，像顺藤摸瓜一样，抓到头痛症状，就问怎么痛？是胀痛？烧灼样疼痛？还是针刺样的痛？还是刀劈一样的痛？姚教授问诊时除了问主证，还会问兼证，例如头痛时会不会呕？有没有发烧？还有没有其他的问题？姚教授临诊细致、耐心，通过四诊得到的信息便能厘清思路、找到病因。姚教授认真、严谨、谦虚的治学精神和工作态度，非常值得我们学习。

职业认同——艺精而内自省，德高而轻所得

访谈者：作为一名优秀的中医，您认为应该具备什么素质？

张小萍：获得"全国名中医"这个荣誉后，我感到压力很大，因为全国名中医只有100名，我认为获得这个荣誉并不意味着功成名就，只能说肩上任务更重了，找我看病的人可能会更多了。我的挂号费是200元，患者自然期望获得200元看诊的体验，如果来看几次都没看好，总不能让人说200元一次挂号费的专家还是看不好病。因此，从业务上来说，压力更大了。如何缓解这种压力呢？还是要下功夫继续看书，不能认为功成名就就不再前进了。作为一名优秀的中医，应该具备不断学习、总结经验的素质，并要带领弟子迈上一个新台阶，自己要更好，我的弟子也应该更优秀。我经常对学生们讲："人各有志，但不要丢掉业务。"

访谈者：您对医生这个职业的态度和看法是什么？

张小萍：作为医生，这是一个极好的职业，但同时也是一个需要高度责任心的职业。我记得我刚进入中医学院时，给我印象最深的是开学典礼。我听了时任江西省卫生厅副厅长江公铁的讲话，因为不熟悉南昌的口音，他讲的很多话让我没能记住，但有一句话我始终记得："同学们，你们一定要学好。如果你们不学好，那就是不拿刀的刽子手。"这句话深深地印在了我的心里。他的意思是，即使不直接用刀伤人，但如果没有尽心尽力地给患者治病，也是在伤害患者。这句话让我感受到医生这个职业的重大责任。如果选择了当医生，那就要当一个好医生。

医生的社会影响力很大，但对医生来说，最重要的还是技术要过硬，要临床疗效好。社会效益带来经济效益，我们当然不是完全不谈钱，但我个人确实不太在乎钱。我的患者，初诊一般开一周的药，复诊则开两周、三周或一个月的药，因为药方基本不变，不需要收过多的挂号费。我认为做医生一定要做一个有德行的医生。如果太看重钱，那就走偏了。医者要有父母心，治好患者比什么都重要。

访谈者：听说您十分关注国内的一些公共卫生事件或情况，您是如何对待的？能举个例子吗？

张小萍：我非常关心此类问题，而且很关心中医在其中的疗效，但是因为我年纪大了，医院不让我到第一线，如果医院需要我到第一线，我肯定会去的。他们总讲我是最好说话的，其实也不是，医院需要我就是对我的信任，就是相信我能够胜任这份工作。

访谈者：您实现了您的梦想了吗？您还有别的梦想吗？

张小萍：我现在没有特别大的梦想，希望身体好的时间长一点，还能够工作就可以。对于一些荣誉，我也没有很大的追求。最初我没有报名全国名中医的评选，甚至一点想法都没有，后来单位推荐我申报才获此荣誉，学生们都来祝贺，其实我只是做了医生应该做的事，没想到能获得这么大的荣誉，我一直认为做好我自己就可以。

学成中医——学习无止境，实践终大成

访谈者：您认为您学习和从事中医可以分为哪几个阶段？能介绍一下不同阶段您学习和研究中医的方法吗？

张小萍：我认为可以分为两个阶段。第一个阶段就是在校学习期间，以学习基础理论为主。我认为在学校学的东西一定要滚瓜烂熟，一定要能举一反三。我给本科生讲课时，很多学生知道我是中医世家，问我要秘方，我跟他们说我没有秘方，重要的是你们一定要学好基础，不要老惦记这些。关于秘方的问题，我曾向我的父亲求证，父亲说他每个方剂都是秘方，并没有真正的秘方，只有秘法、加减、用量。在校学习期间的理论知识以教材为主，这是最基本的。我记得上海有一位跟我父亲关系很好的中医姜春华，他上课很生动，他曾说："有的学生动不动就要跳出'方框'、打破'方框'，脱离书本的约束，要搞些这个新的东西，什么是'方框'啊？我们的教科书，这就是'方框'，你跳都没有跳进去。"他的意思是说，我们要把学校的东西学好，然后再产生自己的理解，再跳出'方框'，你'方框'都没有进去，在'方框'外面浮躁地学习，这样是不对的。学生应该在学校里把'方框'里的内容学好，经过分类筛选，最终变成自己的知识。姜老师的这些话，我也受益匪浅。所以，第一个阶段对基础知识的掌握是非常重要的。

第二个阶段就是在医院实习期间，实习阶段同样重要。我当时在赣州市中医院实习，带教老师是赣南非常有名的医生李一夫。我在实习的过程中跟着李老师收获很多，李老师治疗疾病擅长用香砂平胃散，因为赣南地区山岚瘴气，湿气很盛，患者得病多半是由于湿气引起来的。此外，我还注意到李老师运用该方加减化裁较大，也用来治疗湿邪引起的月经不调。所以在实习阶段，书上有的知识要看老师怎么运用，要验证书上的知识，更要注意学习书上没有的东西。

父亲临终前送了我一本精装的笔记本，上面写了"点滴"二字，寓意"点点滴滴，一点一滴积累"。"点滴"二字适用于学生实习的过程，遇到新

的知识、书本上没有的知识、自己体会到的知识，都详细记录下来。除此之外，学生还要记录老师的独到经验，包括药物用量的经验、药味加减化裁的经验，以及某些疑难杂症的辨证选方用药经验等，这些都非常重要。我时常给学生讲述我自己实习时的经历，这些经历对我的帮助很大，也常常告诫学生实习阶段不能偷懒。我在临床实践过程中也有记笔记的习惯，尤其是在给初诊患者看病时遇到拿不准的情况，虽然最后通过辨证论治开了方，但还是会不踏实，所以就把有疑惑的地方记录下来，下班后根据患者的情况翻阅相关书本反复琢磨，若有不完美的地方可以在患者复诊时优化治疗方案，但这种情况不多见。

50 岁之前，我的学习主要是在不断地临床实践中度过。我的学习态度就是"学到老，干到老"，我认为知识离不开书本，因此反复看书，翻阅自己以前做的笔记，告诫自己不能敷衍了事。正是在这个过程中，我的患者从少到多，我的临床能力越来越强、疗效越来越好，最终实现了从量变到质变的飞跃。50 岁以后，我的学习主要是理论不断深化、不断突破的阶段。我看病有一些自己的心得体会，我认为治疗消化系统疾病要从脾胃气化学说辨证施治，往往能获得很好的疗效。另外，我认为在当今社会中医大夫也要懂西医，不懂西医，寸步难行，知彼知己，百战不殆，借助西医的诊疗手段来提高中医诊疗水平，最终达到增效的目的，何乐而不为呢？

访谈者：您觉得中医经典在学习中医过程中起到什么作用？您是如何学习中医经典的？

张小萍：我学习中医经典主要是通过学校开设的中医经典课程，以此系统学习的。在临床上，我只是回顾性、应用性、选择性地去看，会根据临床需要选择性地熟记部分经典，时常温故而知新。

我认为学习和应用经方很重要，我很注重经方的应用。之前有一个经典名方的全国学习班，伍老（伍炳彩）应邀参加并讲授了经方葛根芩连汤的临床应用，我也应邀讲了四君子汤类方的临床应用。因为四君子汤类方众多，覆盖面很广，不仅涉及消化系统疾病，还涉及很多消化系统以外的疾病。讲完之后，听众反响很好，高度赞扬其非常实用。同样一个药方，由于地域不同，使用的频率也不同，医生选方用药各有侧重。因此，在应用经方时，医生还是要适当加减以获得更好的疗效。

善治脾胃病——审症求其因，辨证论其治

访谈者：您会采集患者的哪些信息？如何全面地认识患者的病因病机？有哪些因素会对疗效产生影响？您如何理解这些因素？

张小萍：临床中，我主要采集患者的四诊信息（包括望、闻、问、切），尤其是问诊信息。首先，要询问主症及其持续的时间，以便抓住主诉，然后根据主诉展开。其次，需要了解主要症状的性质、缓解因素、加重因素、诱发因素等，以及有无伴随症状、诊疗经过、用药情况、既往病史等。此外，舌诊和脉诊信息是中医四诊信息中非常重要的组成部分。例如，对于一个以咳嗽为主症的患者，问诊时应询问如下相关信息：咳嗽与昼夜交替的关系，是以白天咳为主还是以夜间咳为主，阵发性咳嗽还是持续性咳嗽，有无痰液，若有痰液则需问清是白痰还是黄痰。同时，应询问患者既往是否患过慢性支气管炎、肺结核等肺系疾病，最近是否做过相关检查，如胸片、化验等，这些都是辅助诊断的重要信息，对疾病的诊治有很大帮助。

审症求因，根据主要症状找到发病原因，分析疾病的发病机制，然后立法、选方、用药。准确把握疾病的病因病机至关重要，否则无法正确施治。临床应辨证与辨病结合，注意中医病名与西医病名的区别。中医内科学中很多病名以症状命名，比如咳嗽、头痛、腰痛、腹痛等，其证型划分得很细致。掌握四诊信息后，不难区分病因病机，立法选方用药相对容易。我在临床上时常也会用到脏腑辨证、卫气营血辨证、三焦辨证、六经辨证，不同的辨证方法各有不同的侧重。比如，之前一位以颠顶痛为主症的患者来就诊，伴有口吐涎沫。由于厥阴经到达颠顶，我参照六经辨证选用吴茱萸汤加减进行治疗，服药后症状很快缓解，效果显著。

辨证一定要准确，如果证型错误，选择方药都是徒劳。辨证时要注意兼夹的不同，如表证可以夹寒、夹食、夹湿、夹滞等。我本人善用经方和

时方，在基本方的基础上进行加减治疗疾病，但药味不会太多，通常控制在 12～20 味。比如在治疗反流性食管炎时，患者表现为胸骨后及剑突部烧灼感、反酸，部分患者有咽部异物感，甚至出现咳嗽等症状。经过辨证后，我为这些患者选用《伤寒论》中的半夏泻心汤加减。虽然该方主要用于治疗寒热夹杂的痞证，但由于其具有降逆的功效，最终疗效非常显著。如伴有胸痛、胸闷不适，我会配伍小陷胸汤以宽胸理气，效果明显。若结合胃镜检查提示有糜烂性胃炎，从西医角度分析，涉及胃酸分泌异常、幽门螺杆菌（Hp）感染、胃动力不足、黏膜保护屏障失衡等不同因素，我会选择性地加用对药：蒲公英 15g 与浙贝母 10g 抗炎，白及 10g 与黄连 6g 修复黏膜，生姜 3g 与栀子 6g 清热泻火。如果有 Hp 感染，结合个体差异，患者可能有胃寒、胃热、胃实、胃虚的不同情况，我不使用四联疗法，但会合用奥美拉唑镁肠溶片口服抑酸护胃。由于患者的不适感很强，我选择性用中药药对代替四联。药物的用量因人而异，应根据主症轻重加减，如胃中灼热明显，可将栀子剂量加至 10～15g，生姜 6g，但不主张用大剂量苦寒药，要注重药效平稳，不宜用峻剂猛剂，遵从合理用药。

访谈者： 请谈谈溃疡性结肠炎的核心病机，它有哪些常见的证候？您在临床上是怎么治疗的？

张小萍： 当溃疡性结肠炎患者前来就诊时，我都会问患者一个问题，发病以来是否服用过治疗该病的药物。如果没有，我就告诉患者，单纯服用中药就可以了，不需要用西药。但如果已经用过西药，为了防止出现停药反应，我会叮嘱患者继续使用西药，同时进行中西药结合治疗，尤其是便血比较严重的患者，停药后若出现反弹，患者肯定是难以接受的。

在对溃疡性结肠炎进行辨证论治之前，需要根据患者的症状将其分为发作期和缓解期。这两个阶段的治疗方法完全不同。在发作期，该病的病机多属湿、热、瘀、毒夹杂，治疗多从清热解毒、利湿凉血、活血化瘀入手，可选用芍药汤加减（方中赤芍、白芍各 15g，肉桂 2～3g，炒、谷麦芽各 20g，炒枳壳 15g）。若便血量多，则加生槐花 15～30g 以清热凉血，仙鹤草 15～20g 以收敛止血；若夹杂黏液，则加白头翁 15g，六月霜 10g 以清热解毒。此阶段的服药时间为一个月。一般服药一周后症状明显减轻，若服药一周后舌苔仍黄且较腻，提示湿热邪气仍较重，需要继续服用一周，病情稳定后则进入下一阶段缓解期的治疗。

在缓解期，此阶段的病机多为脾虚、湿盛、气滞，治疗多选益气健脾、渗湿止泻、理气止痛，可选用七味白术散加减或者参苓白术散，或合用痛泻要方加减。若舌体胖大，边有齿痕，舌苔厚腻，可选用七味白术散加减；若舌体稍大或不大，舌边或有或无齿痕，舌苔薄腻，可选用参苓白术散加减；若同时有腹部隐痛，痛后欲便，肠鸣，大便次数不多，质稀，则需合用痛泻要方加减。缓解期还需要逐渐减少西药用量直至停药，此阶段时间可达2～3个月。同时，要告知患者注意饮食，因为容易复发，万一复发应尽量选择中药治疗。

医患交流——用"心"倾听，用"心"看病

访谈者：您是如何建立良好医患关系的？您如何看待患者？

张小萍：对待患者要像对待家人一样，态度要和蔼一些。在患者向你倾诉时，要有耐心地听他讲完，一边倾听一边抓住重要信息，尽量少打断。有些患者因各方面压力较大，平时与家人很少沟通，到医院就诊时就把医生当作最好的倾诉对象。对于这样的患者，尽量让他们说完，患者倾诉后心里会舒坦很多，甚至疾病已经好了一半。作为医生，最重要的是对患者要有责任感，认真负责，让患者感受到你对他的病情很关心、很重视。另外，对患者要实事求是，尤其是关于病情。不管这个病能否治好，预后好的要给予患者信心，预后很差的疾病也要多鼓励患者积极治疗，并尽力治疗。该告诉患者的事情一定不能隐瞒，患者本人难以接受的事情可以避开患者，告知其家属。遇到本院解决不了的问题，千万不能硬让患者留在本院，应及时建议患者去其他医院诊治，不能耽误病情。医生要视患者如亲人，不乱用药，合理检查，要有同情心，尽量让患者以低成本获得好疗效，让患者早日康复。

访谈者：如何建立良好的医患关系？您是怎么做的？有没有印象深刻的

故事？

张小萍：当与患者建立良好的信任关系后，自然而然地会成为朋友，我与很多患者最后都成了朋友。好几年前，有一位从事裁缝工作的患者来找我看病，一开始是因为不明原因的便血，先后曾到过多家医院（包括南昌大学第一附属医院）就诊。就医后结合肠镜检查，符合溃疡性结肠炎的特征，因此被诊断为溃疡性结肠炎。但他按照溃疡性结肠炎的西医常规治疗，效果并不显著，便一直在求医的路上辗转。后来，他通过熟人介绍找到了我。这位患者来的时候身材消瘦，没有食欲，家境也不好。在找到我之后，借助相关辅助检查手段，排除了肠结核之类的疾病。我按照溃疡性结肠炎的中医辨证论治方法对其进行治疗，他经过将近半年的药物治疗，病情明显好转，症状基本消失，精神、食欲等各方面均有改善。他非常感激我，说我治好了他的病。从那以后，他视我如亲人，我们之间建立了良好的信任关系。每次见面都非常友好，他还介绍了很多朋友前来看病，他们对疗效都很满意。

传承发展——甘于奉献，品行兼优

访谈者：您选拔弟子有哪些标准，您是如何培养弟子的，您有什么要求？

张小萍：首先，要通过正规考试后按正规流程录取，也就是说要具备资格；其次，要品行兼优，学习成绩优异，文笔工整，基础知识扎实，西医临床思维能力强，中医基本功扎实，中医思维敏捷。我要求学生平时要多读经典，积累经验，能够运用中医知识去解除患者疾苦，治疗好常见病、多发病。

名医寄语

医道求索，无有止境。
勤求古训，发扬光大，造福于人民。

第十章　何晓晖

何晓晖，男，1952 年生，全国名中医，首届江西省国医名师，江西中医药大学教授、江西中医药大学附属医院主任医师，博士研究生导师，全国中医药传承博士后导师，第三、第四、第五批全国老中医药专家学术经验继承工作指导老师。

曾任江西中医药高等专科学校校长，江西中医学院党委委员、副院长，中华中医药学会脾胃分会副会长，并历任中国中西医结合学会消化病专业委员会常务理事、江西省中西医结合学会副主委、江西省中西医结合消化病专业委员会名誉主委、抚州市中医药学会会长。

曾参与国家 973 课题研究 2 项，主持省部级科研课题 6 项，并获奖 3 项。发表学术论文及译文 140 余篇，其中核心刊物 35 篇。获发明专利 3 项。主编著作和全国性教材 14 部，其中主编的卫生部规划教材《中医基础理论》获江西省高校优秀教材一等奖，《辨证论治概要》获江西省高校优秀教材二等奖。

何晓晖是全国著名的脾胃病专家，学识与经验俱佳，在脏腑理论、体质学说、辨证论治、盱江医学、中医动物模型等方面均有突出的学术成就，尤其是在脾胃理论方面具有独特的学术见解。他的"胃质学说""肠质学说""脾营学说""气化病从脾胃论治""脾胃病辨病—辨证—辨体—辨时四辨一体诊疗模式""衡法在脾胃病治疗中的应用"等学术思想具有较大的学术影响。

何晓晖从事临床工作 50 余年，擅长治疗各种疑难疾病，尤其对消化系统疾病治疗经验丰富，擅长治疗慢性萎缩性胃炎、疣状胃炎、糜烂性胃炎、功能性消化不良、胃食道反流症、胃癌、溃疡性结肠炎、肠易激综合征、慢性乙型肝炎等疑难病症。

名医之路——西学中用，得遇名师

访谈者：您是怎么走上中医之路的？

何晓晖：我很幸运能够走上中医这条路。我在 1968 年下放到农村，两年后，被选拔到江西省抚州卫校读书。那是为了培养赤脚医生而开设的班，学制一年，中医、西医、针灸都有涉及。一年的学习结束后，我比较幸运地留在学校任教，后来被送到江西医学院插班读书。结业后，我又回到抚州卫校当老师，教授微生物课程。"文化大革命"结束后，大学开始招生，我通过选拔考试来到上海继续进修，逐渐接触中医，并不断获得学习的机会。毕业后，我回到学校继续从事教学工作，后来又到北京中医研究院参加高级理论研修班。我觉得自己是个幸运儿，一路以来得到了很多老师的教导，也有机会接触到全国许多名中医，跟随他们在临床学习、聆听他们的教诲。得益于此，我的中医之路才既幸运又顺利。

访谈者：在您成长为名中医的过程中，有哪些人对您产生过重要影响？具体是什么影响？

何晓晖：在我的学习历程中，遇到了许多好老师，他们给予了我极大的帮助。首先，是中医基础理论的主讲老师们。我是先学西医后学中医的，作为学西医的人，通常较难接受中医理论，在学习中医时面临不少挑战。当时我在上海中医药大学就读，教授我们中医基础理论课程的老师有严世芸校长、沈庆华主任、何谐环教授和虞诚飞老师。他们分别讲授精气学说和阴阳五行学说，讲解得非常精彩。因为他们都是临床专家，既有理论又有实践经验，我被他们讲授的中医理论深深吸引。因此，我很快转变了观念，放下过去的西医思想，开始接受并认真学习中医的各种理念。中医作为一个知识体系，只有先学好了，才能分析和评价它的不足之处。我要感谢这些老师将我引入中医理论的殿堂。

其次，是王琦院士。我在中国中医研究院参加高级研修班时，王琦老师是我的班主任，给我们讲授《黄帝内经》和《伤寒论》，真是引人入胜！还有方药中教授、董建华教授，当时许多名家都来给我们上课。不过，王琦老师和我的关系更为亲近，他也比较喜欢我这个学生。过去我总认为，作为一名中医，只要学好课本教材就足够了。后来，通过这些老师，特别是王琦老师的教诲，我才明白，要做好一名中医应该深入学习经典著作。因此，从那个时候开始，我对中医经典著作特别重视，并花了工夫去学习《黄帝内经》《伤寒论》《温病学》及后世医家的一些经典著作。王琦老师提出的体质学说，我在这方面做了不少研究，并将其运用到脾胃病的诊治上，创立了我的胃质学说，这都是受到王琦老师的学术影响。

职业认同——大医精诚，德术双馨

访谈者： 老师，您能谈谈对医生这个职业的态度和看法吗？

何晓晖： 我这一辈子与医生有不解之缘。医为仁术，而我的小名恰巧叫仁喜。我的祖母是一名乡下的医生，她会用中医中药治疗很多疾病，比如带状疱疹、关节炎等，在当地非常出名。所以，我从小就受到中医药的耳濡目染，产生了浓厚的兴趣，立志也要做一个好医生。我 72 岁了，我觉得作为一名医生非常光荣自豪。

医生不仅要治病、救人，还要育人。在临床上，我给患者看病时，不仅需要了解他们生理上的问题，还需要关注他们精神上的困扰与学习上的困难。我会用暗示或疏导的方法，引导他们养成良好的生活习惯和学习态度。上次有个来自临川才 13 岁的小孩来找我看胃病，当他伸出手让我切脉时，我看到他手上文了一条龙。我就问他："你怎么会文这个？你不上学吗？学校的老师允许你文身吗？"他爸爸说他不读书了，在外面无所事事。我就问他："你长大后想做什么？"他也不知道。我就教育他要努力读书，因为社会进步需要知识和技术，有了技术后才可以融入社会，拥有自己的生活。这个孩子初诊的时候胃病很严重，胃痛得厉害，吃了我的药一个星期后，他好转了很多，胃也不痛了，精神状态也好了。我再次对他进行教育，结果他回去后就把文身去掉了，并且继续上学了。这说明我们医生不仅是治病，还要育人，这样的例子在临床很多。

访谈者：您是否关注国内的一些公共卫生事件？您是如何应对的？能举个例子吗？

何晓晖：面对公共卫生事件，作为医生，我们应义不容辞地冲到前线去挽救他人的生命。因为既然选择了这个职业，就意味着必须把救死扶伤作为自己的使命。在"非典"期间，我是抚州市中医治疗"非典"小组的组长，当时将温泉疗养院改建为隔离医院。我作为中医治疗组的组长，也准备进入隔离医院。虽然已经做好了一切准备，但因为疫情被及时控制住了，我就没有得到上一线的机会。这次新型冠状病毒感染发生时，我已经退休了，但因为我手上的患者中有许多是肿瘤患者和萎缩性胃炎患者，很多患者不方便线下就诊。因此，我在家里进行义务的线上诊疗，不收取挂号费，大约持续了两个月，其间为三四百位患者提供了服务，并指导他们在当地购药。

访谈者：您实现了哪些梦想？还有其他梦想吗？

何晓晖：我的梦想是成为一位名医，通过几十年的努力，这个目标基本上实现了。我被评为全国名中医和首届江西省国医名师，尽管如此，但与真正的名医相比，我仍有差距，还需要不断努力。未来的梦想是培养更多的人才，一些可由我亲自指导，另一些可通过我的著作来传承我的临床经验，尤其是治疗脾胃相关的难治性疾病的经验，从而齐心合力去解除患者的痛苦。这便是我的梦想。

另外一个梦想，就是中国新医药学的创立。新医药学既不同于中医也不同于西医，它来源于中医与西医，又高于这两门科学，是基于我们中国特色的医学思想、医学理论、医学方法的学科。

学成中医——循序渐进，守正创新

访谈者：您认为您学习和从事中医可以分为哪几个阶段？能介绍一下不同阶段您学习和研究中医的方法吗？

何晓晖：我平时也会思考这个问题。经过几十年的观察，我认为不管是中医还是西医，都有四个阶段。第一个阶段是医识，第二个阶段是医技，第三个阶段是医艺，第四个阶段是医道，医道的层次是最高的。

第一个阶段是医识阶段，即本科毕业或者刚读研究生的阶段，这个阶段学生对中医的理解只是停留在医识层面。通过本科教育，学生掌握了基本的中医理念和技能。此时，学生背诵了很多方药，具备了基础理论，但还没有临床实践，这就是所谓的医学知识阶段。这个阶段是非常重要的，因为它是未来发展的基础。如果在这个阶段基础打得扎实，未来的发展就会非常好。

第二个阶段是医技阶段。在这个阶段，学生依照书本知识，且掌握了基本的临床技术，能够开始诊疗患者。然而，此时学生掌握的临床技术基本上是照本宣科。当然，这个阶段也很重要，因为成为医生首先需要具备规范和娴熟的操作技能。通常，研究生毕业后的三到五年，通过临床实践，就可以达到医技阶段。

第三个阶段是医艺阶段。此时，医学已经成为一种艺术。经过临床上的不断积累，医生能够运用这些知识，融会贯通、得心应手的诊疗患者。在这个阶段，你的医术会得到很多患者的认可，比如出色的外科医生，手术做得非常出色，并在当地具有一定的影响力。我自己差不多就在这个阶段，这是第三个阶段。

第四个阶段是医道阶段。这是最高层次的，不仅要求医生治疗效果好、具备非常深厚的医学理论基础，还要求医生能够将经典著作、各家学说与当代医学融会贯通，并且有自己的观点和学说，这就是所谓的医道。这样的人非常少，这就是大师。像我前面提到的王琦教授、董建华教授、方药中教授，还有路志正教授，他们都属于这个阶段。他们拥有创新理论，推动了中医药的发展。因此，我们要朝这个方向努力，我也在朝这个方向努力。

善于临床——四辨一体，病证结合

访谈者：您会收集患者的哪些信息？如何全面认识患者的病因病机？有哪些需要注意的呢？

何晓晖： 在临床接诊时，有四个方面非常重要。第一个是辨病论治。患者来找我们看病，我们需要知道他们得了什么病。比如，患者说自己胃痛，胃痛有很多原因，许多疾病都会引起胃痛，如急性胃炎、慢性胃炎，而慢性胃炎又分为萎缩性胃炎和非萎缩性胃炎，还有疣状胃炎、糜烂性胃炎。此外，还有可能是胃潴留或胃癌。这些疾病的预后和治疗方法各不相同，因此首先要弄清楚患者所患的是什么病。对于患者的病情，一定要有准确的认识。当然，除了关注胃肠道的疾病，还要关注全身的情况。因此，作为现代中医，也需要具备一定的西医学基础。否则，为什么执业医师考试还要考西医知识呢？如果患者来了以后，你不知道他们得了什么病，那怎么能判断他们的预后呢？又如何为患者提供最好的治疗方案呢？比如，如果患者是胃穿孔，应立即进行手术修补，而不应选中药治疗，否则会出问题的。如果患者有慢性胃痛的症状，有可能是胃癌，就需要早期发现和早期治疗。除了西医所讲的病，还有中医的病，比如消渴病、肺痈。这些病都有一个基本病机，这个病机会贯穿疾病的全过程，因此我们也要有中医的"病"的概念。王琦老师在治疗疑难病症时，就是抓住主要病机来进行治疗。这就是辨病论治，针对主要病机，采取主导式的治疗思路贯穿始终。

第二个是辨证论治。我最重视辨证论治，并要求我的学生也这样做。中医的优势在哪里？中医为什么能治好病？为什么医生的医术水平有差距？关键就在于辨证论治水平的高低！所以，我在江西中医药高等专科学校做校长时，推进了一系列的教学改革就是以辨证论治为核心的改革。我们开设了一门新课——《辨证论治概要》，要求所有学生对常见的150个证候背得滚瓜烂熟。这就像我们掌握英文字母一样，足够熟悉之后，就可以进行排列组合，以不变应万变。因为临床上的证是无穷尽的，但一旦掌握了这些基本的证，在临床上就会更加得心应手。因此，最核心的就是辨证论治。

第三个是辨体论治，也就是辨体质。比如感冒，有些人是风寒型，有些人是风热型；肠炎，有些人是寒湿型，有些人是湿热型。这都是由于体质不同造成的。而且，患者痊愈之后，为了防止复发，需要根据患者的体质进行调理，这就是辨体论治。

第四个是辨时论治，即三因制宜（因人、因时、因地制宜），这也是中医的特色。例如有些疾病，不同地域的患者所表现的症状不一样，治疗方式也不同。此外，同一种疾病在不同的气候下临床表现亦会不同，治疗方法也会有所不同。比如脾胃病，夏天暑湿暑热，秋天干燥，冬天阴寒，不同的气候对应不同的证治类型。这是中医的特色，西医则没有这样的认识。我要求我的学生也要掌握这样"四辨一体"的诊疗模式，这样就能更好地掌握临床诊疗技能。

学术特色——萎缩性胃炎，辨治有思路

访谈者： 萎缩性胃炎已经被列为我国 20 种重大疾病之一，我们了解到您治疗萎缩性胃炎有很好的效果。请您谈一谈您是如何理解萎缩性胃炎的，核心病机是什么？常见有哪些症状？在我们临床上是什么样的治疗策略方案？

何晓晖： 中医要不断发展，就必须发扬我们的优势，必须扬长避短。某些疾病是中医的短板，比如一些需要手术的急腹症；但也有一些西医难以处理的疾病，而中医在治疗时则得心应手。比如萎缩性胃炎，过去的西医教材和权威书籍中都明确写道，萎缩性胃炎可伴有肠上皮化生和不典型增生，是不可逆转的。然而，现在有些书中写道，萎缩性胃炎经过中医治疗后，部分情况可以逆转，也得到了许多西医专家的肯定。我治疗萎缩性胃炎已有 30 多年，在本地小有名气。这些年来，前来求诊的患者来自全国各地，有几千个患者经过治疗后效果非常理想。对于较年轻的患者，即 45 岁以下的，大约一半的患者能够治愈。经过统计，不典型增生的患者中，经诊疗至少七成的轻中度增生都能消除。对于重度增生，我们一般不采用中药治疗，而是建议手术。我在临床上，会常规对患者进行登记和随访。所以，这完全打破了萎缩性胃炎伴有肠上皮化生和不典型增生不可逆转的定义。不过，我们仍需继续研究，不断提高疗效。我认为这是未来中医在优势病种治疗上进行突破的一个关键点。我见过几个从上海、北京来的患者，他们被诊断为重度萎缩

性胃炎、中重度肠上皮化生、中度不典型增生，西医无计可施。然而，在我们这里治疗后，效果非常好，有几个患者已经彻底痊愈。因此，我认为萎缩性胃炎是可防、可治、可逆的。

我治疗萎缩性胃炎，会遵循我上面提到的"四辨一体"原则：第一是辨病，要对西医学关于萎缩性胃炎的认识有清晰的了解，掌握其演变规律，并准确把握其病理生理机制。第二是辨证，萎缩性胃炎有不同的证候。30年前，我治疗的萎缩性胃炎病例中，胃阴虚证较为常见，但随着生活水平的提高和生活习惯的改变，现在湿热或寒热虚实夹杂的情况较为多见。所以，疾病也在变化，不会固守古人所描述的病因病机与表现。第三是体质，为什么他会得萎缩性胃炎？气虚、阴虚、湿热、血瘀体质的人更容易患病。虽然许多人都感染了幽门螺杆菌（幽门螺杆菌是导致萎缩性胃炎的重要病因之一），但并非所有的萎缩性胃炎患者都感染了幽门螺杆菌。第四是辨时，由于治疗至少3个月，周期较长，我会根据季节变化添加一些时令药物，也就是说，治疗需要顺应季节的气候变化。

治疗萎缩性胃炎需要分三个步骤。第一步：舍病从证，辨证除症。很多患者来就诊时会诉胃脘部不适，如胃痛、胃胀、烧心、嗳气等。在这个阶段，我们暂时不考虑萎缩性胃炎这个病名，而是根据患者的临床症状、舌脉进行辨证论治，运用中医辨证论治的方法来消除这些症状。患者通常因为患病心理负担较重，因此治疗时需要迅速消除他们的症状，否则他们可能会失去耐心，转而寻求其他医生的帮助。一般情况下，我会使用八个调胃汤进行治疗，通常经过一个月至一个半月，这些胃脘部不适的症状便可得到缓解。第二步：病证结合。此时，患者可能仍有一些症状虽有缓解，但未完全消除。在这个阶段，我们既要参考前面的辨证，又要结合疾病的主要病机进行用药，以求让症状彻底缓解。大约一个月后，就进入第三步。此时，患者已经没有症状，腹部不痛不胀，饮食和排便都恢复到正常状态。此时，如何辨证呢？无证可辨了，此时需要舍证从病。根据中医理论，萎缩性胃炎的主要病机为血瘀、湿热、阴虚，因此我们需针对病机进行用药，进一步巩固疗效。在这个阶段，我会使用经验方——双蒲散，也称为扶正抗化汤，这个方剂也可以制成丸剂。经过 3 ～ 4 个月的治疗后，我会建议患者再做一次胃镜检查，最好是找当初诊断萎缩性胃炎的医生进行复查，并多取几个病理样本，以便前后对比，减少误差。毕竟是否痊愈需要通过病理结果来判断，不能仅凭症状消失就认为患者痊愈。这就是整个治疗过程。

医患交流——医患平等，慷慨相助

访谈者：您是如何建立良好的医患关系的？您如何看待患者？

何晓晖：我们讲做中医就要有"中医心"，"中医心"有很多方面，其中首要的就是仁心，即仁爱之心，就是要有同情心、菩萨心。我们的任务是治病救人，我经常跟我的学生讲："要想做个好医生首先就要做个好人，临床上始终要把患者摆在第一的位置，患者至上。"另外，要把患者当亲人，不管患者的地位高低、有钱没钱，你都要把他当作是自己的家人，这样你就会有爱心，就能感同身受，他痛你就会觉得自己也痛，你就会去关心他，尽自己能力去治疗他。我们不是神仙，不是所有的病都能治得好，但是你要做到尽自己最大的能力去治疗，这样就问心无愧了。在临床上，首先要考虑的是患者的利益，比如我会给患者推荐医生，会推荐给喻文球老师、周士源老师，因为你不可能什么病都会治，要给患者推荐适合他的最好的医生。再一个，就是要给患者省钱，我开药都是在能治好病的前提下用最小的剂量。如果我要开价格比较贵的药，比如穿山甲，我都会提前给患者讲，跟他解释为什么要用这个药，问他这个价格能不能承受，给他算一笔经济账。我们做医生的，不能高高在上，患者找你来看病不能好像施恩于患者一样，这样是不对的。我的患者来就诊时，我会让患者跟我坐一样的椅子，而不是坐小凳子，让患者感觉跟我处在平等的位置。在看病的过程中，我也会照顾患者的感受，如果是病毒性肝炎的患者来了，我给他把脉也不会觉得害怕，等患者走了我才会去洗手，不会当着患者的面洗手，不会让患者感受到歧视或者隔阂。敬人者，人恒敬之。你要得到患者的尊重，就要首先尊重患者。我还会把患者的困难当成自己的困难，有时候患者少带了钱，我会予以垫资，我皮包里总是放着几千块钱，目的就是两个。一个是早上打的士去医院要给钱，另一个就是借钱给患者。不管我认识还是不认识，也不管是什么地方的人，借出去几百块钱，我也从来不会记账或者打欠条，患者还也好，不还也可以（当然大部分患者都会还）。像去年就有一个患者，他带了两个亲戚来看病，然后还了我20块钱。我当时不明白是什么情况，问他为什么要给我钱。他讲20年前借了我20块钱，然而后来没有机会再来南昌，这次恰巧带亲戚来找我看病，就顺便还钱。所以，你对患者好，他们也不会辜负你的，与患者的关系也会非常融洽。我的手机号和微信号，患者们都知道，他们有什么事情都会来咨询，虽然给我的生活带来了很多困扰，但是没办法，我们既然选择了做医生，就要对患者负责。

传承发展——传承并发展，德才兼信悟

访谈者：您选拔弟子有哪些标准呢？

何晓晖：我十分重视培养人才，经过多年的努力，我培养的学生中，陈建章成了国家级名中医，还有4位成为江西省名中医。此外，还有博士后、井冈学者付勇，以及其他一些研究生。对此，我感到非常欣慰，因为我一直希望能够做好两件事：救人和育人。我希望能多培养学生，不仅是我直接带教的学生，还包括其他年轻医生，希望能有机会与他们多交流。恰如我所著的《何晓晖论治脾胃病》一书，我将所有的经验和心得毫无保留地写入其中，以便让更多学生学到我所积累的经验。

有一位来自山东的毕业于山东中医药大学的医生。他购买并阅读了我这本书后，特意从山东来我这里跟诊。他的精神非常值得我们学习。他每周二下午下班后便坐火车过来，周三跟随我出一天门诊，当晚再坐火车返回。这样的往返需要五六百元的路费，但他坚持了两个多月。由于他的基础扎实，悟性很高，回去后很快在当地因治疗胃病而声名鹊起。有不少学术会议还专门邀请他去讲述胃病治疗心得、分享经验。看到他取得这样的成绩，我感到非常高兴，因为他能够将我的经验学以致用，治愈更多的患者，这是我最大

的荣耀。

什么样的人能学好中医呢？首先，要有德，德才兼备必以德为先，这是最基本的。其次，要热爱中医，如果不热爱中医，怎么能学好中医呢？有些人本科阶段专攻西医，到了临床便说中医不科学，治不好病，这是错误的！不是中医治不好病，而是你没有学好中医。我是从西医转到中医的，我认为中医能治好大量的病。我不敢说能治愈80%、90%或100%的患者，但至少对70%以上的患者是非常有效的。除了热爱中医，还要潜心学习中医，并坚持不懈。年轻医生需要坐冷板凳，不要遇到困难就放弃，更不要心灰意冷半路转行，要相信坚持就是胜利，这就是"柳暗花明又一村"。

此外，还要感悟中医。因为中医的许多东西需要领悟，学习中医确实需要悟性。有些人悟性高，有些人悟性低。中医的理论是博大而精深的。现在学生考硕士、博士，外语是一道门槛，但很多喜欢中医且古文基础好的人，由于外语不行无法读研究生，因而被挡在门外。所以，我认为中医教育需要改革，特别是人才的选拔机制，要更适合中医的学科属性，这是非常重要的。

名医寄语

中医源远流长，中医博大精深，中医天地广阔，中医大有作为。如今，中国国力强大，中华文化受到全世界的注视，正是中医发扬光大，为人类作出更大贡献的时候。

第十一章　尹常健

尹常健，男，1950年生，山东中医药大学教授，山东中医药大学附属医院主任医师，硕士、博士研究生导师，全国传承博士后合作导师，第四、第五批全国老中医药专家学术经验继承工作指导老师。中华中医药学会理事，中华中医药学会肝胆病专业委员会学术顾问，中国中西医结合学会肝病专业委员会常委，山东中医药学会肝病专业委员会主任委员，山东省医学会肝病专业委员会副主任委员，山东省保健科技协会常务理事；《中西医结合肝病杂志》《世界中西医结合杂志》编委，国家自然科学基金委员会评委；享受国务院政府特殊津贴。

尹常健教授1974年毕业于山东医学院（现山东中医药大学）中医系，被分配至山东中医学院附属医院（现山东省中医院）内科工作，师从中医肝病学术大家王文正教授，从事肝病中医临床研究。1994年，他被聘为山东中医学院硕士生导师，2001年遴选为博士研究生导师。

尹常健教授自20世纪80年代初起，长期从事消化系统疾病（特别是肝胆病）的中医临床、教学和科研工作，尤其擅长中医治疗肝炎、肝硬化、脂肪肝、肝癌、自身免疫性肝病、胆石症、胆囊炎、胃炎、肠炎等疾病。先后出版学术专著《肝胆病中医研究》《肝病用药十讲》《肝病临证十法》《尹常健学术文集》《中医随想录》等十余部，主编《腹水与临床》《名医处方手迹》，主译《心肌病与心肌活检》，参编著作九部。发表学术论文100余篇，曾参与承担国家"十一五""十二五"重大科技专项课题，主持教育部高等学校博士学科点专项科研基金项目和山东省"十五""十一五"中医药科技攻关课题，其中七项成果获省部级科技进步奖。

名医之路——领略前辈风采，经典临床并举

访谈者：您是怎么走上中医之路的？

尹常健：我既没有家庭背景，也没有其他的学术渊源，我走上中医之路纯属偶然。在 20 世纪 70 年代初，我们山东中医学院和山东医学院合并办学成立了中医系，我在 1971 年被推荐进入山东医学院中医系，正式开始了中医专业的学习。1974 年 8 月，我毕业后被分配到山东中医学院附属医院，也就是现在的山东省中医院，正式走上中医临床研究的道路，至今已走过了 50 年的历程。

访谈者：在您一路成长为名中医的过程中，有哪些人对您产生过重要影响？具体是什么影响？

尹常健：在我大学期间，我们大学的八位元老①及几位名家都还健在，有些先生正值盛年。这使我有机会聆听李克绍先生、张志远先生、周次清先生、董敬斋先生及尚德俊国医大师的亲自授课，领略了老一代学术先辈的风范。他们深厚的学识、中医经典理论的造诣和丰富的临床经验都对我们产生了极为重要的影响。

职业认同——大医精诚，传承创新

访谈者：老师，您认为作为一名优秀的中医，应该具备哪些素质？

尹常健：作为一名优秀的中医，我个人认为应该具备以下几个方面的素质。

第一，要有良好的医德医风、要有悲悯的人文情怀，就像孙思邈对我们的要求那样，大医精诚，扶厄救困。对患者不仅要有生理上的治愈，还要有精神上的慰藉。良好的医德医风是成为一名优秀中医专业人员最基本的

---

① 山东中医药大学建校时的八位元老，分别为周凤梧、周次清、李克绍、徐国仟、张珍玉、张灿玾、刘献琳、张志远。

素质。

　　第二，要具备优秀的专业素养。我个人认为优秀的专业素养主要体现在以下几个方面。首先，他应该拥有宽广的学术视野；其次，他要有扎实的理论基础，尤其是在中医理论方面需要非常深厚的积累；最后，他要具备熟练的临床实践技能。作为一名临床医生，尤其是从事中医临床工作的专业人员，每天都会遇到许多实际的临床问题，因此，熟练扎实的临床技能至关重要。通过长期的实践探索和研究，随着经验的积累，医生才能形成自己的经验和特色。

　　第三，要具备实事求是的科学态度，这一点尤为重要。科学是严谨的，实事求是意味着不文过饰非、不自吹自擂，保持谦虚、谨慎和严谨。过去我们医院的老院长胡敏郎先生在临床时，即便他在省内乃至全国已经享有盛名，但他每次临床时仍会带一个处方手册。有时他会对患者说："我了解你的情况了，我给你查一个方。"这种实事求是的态度给我留下了非常深刻的印象。作为一名优秀的临床中医专业人员，应该具备这样实事求是的科学态度。

　　第四，要有永不停歇的进取精神，活到老，学到老。科学总是在不断地发展，中医既需要传承，也需要创新。创新需要不断接受新的理念，所以学习是永恒的，我们应该具备不断学习的进取精神，不断钻研中医经典理论，不断总结临床经验，不断探索规律，这样才能不断丰富和完善自己。

　　因此，我认为，作为一名优秀的中医专业技术人员，应具备以上要求。

　　访谈者：老师，您能谈谈对医生这个职业的态度和看法吗？

　　尹常健：医生这个职业，古人曾说过"不为良相，即为良医"。良相是治国的，而良医是救人的。救人的事业，总是神圣和崇高的，所以我个人认为，从职业的角度讲，医生这个职业是崇高的，也是神圣的。我们治病救人，从一方面讲是扶危救困，为人民、为患者解除痛苦。从另一方面讲，医生是靠自己的智慧和劳动在为他人服务，为他人创造幸福，解除患者痛苦的同时，自己也能够感受到幸福和美好，这是很充实的。医生这个职业，一生都在学习，每时每刻都有解决不好或者不能解决的问题，需要我们不断地去探索、学习和研究。当前，由于许多因素的影响，医患关系比较紧张，所以有人认为医生是一个高风险的职业，这确实有一定的道理。我个人认为，要改善目前的医患关系，需要多方面的努力，但我觉得从医生的角度讲，医生应该起主导作用。只要我们真正有责任心，全心全意地把患者的需要当作我们的唯一宗旨和做好工作的要求，医患关系是可以处理好的。

另外，活到老，学到老。作为中医，我们不仅要不断学习古人的智慧，还要不断接受新的理念，职业生涯中学习时间的跨度是很长的。我们既可以从古人的智慧中吸取许多有价值的东西，同时又可以用中医这个古老的理论为现代疾病的防治服务。我们研究的空间是很大的，我们可以用自己的智慧和能力，引领古老的中医药学与现代社会对接，为当代疾病的防治服务，为人民的卫生健康事业服务。当医生在临床解除患者的痛苦时，我相信医生自己是会非常欣慰的。这是一个非常神圣和崇高的职业。

访谈者： 听说您十分关注国内的一些公共卫生事件或情况，您是如何对待的？能举个例子吗？

尹常健： 作为临床医生，我们对重大公共卫生事件，特别是突发的卫生事件，应该给予特别关注。"非典"时期的情景我们都记忆犹新，那时我们每天都在关注疫情的进展和防控情况，甲流也是如此。我们时刻关注着疫情的防控动态、学术研究的进展、疫苗的研制和应用，以及特效药物的应用。我们应充分认识中医药，古人在瘟疫病和传染病方面的理论和实践经验完全可以应用于今天的相关工作，在临床实际也已发挥了巨大作用，我们应不断总结经验。关于病毒性疾病的病因，在某种程度上中医理论对其有一定启示，例如"杂气"，它的传播途径、潜伏性的感染方式、致病性、传染性、老年易感等问题，中医理论对其都具有一定参考意义。目前国内应用的清肺排毒汤也好，还有分型的证治法也好，都是比较恰当的。各地的专家们付出了巨大的努力，取得了显著成就。关注国家重大公共卫生事件是我们临床医生义不容辞的责任，我们不仅要关注，还应在力所能及的情况下，尽最大努力参与重大卫生事件的救治，发挥应有的作用。

访谈者： 您实现了哪些梦想，还有什么梦想未实现？

尹常健：作为一名中医临床工作者，我个人认为我们最大的理想就是，通过我们的学习和努力具备一定的临床技能，更好地服务患者，为患者解除痛苦。我们从事医生这一职业，是有机会实现这个理想的。我们这一代人在促进中医学术繁荣和事业发展方面肩负着重要责任（即承前启后）。我们需要不断学习，提高我们的专业理论水平和职业境界，拓宽学术视野，提升医疗水平和服务能力，尤其是提高理论水平、拓宽学术视野。这样做是为了什么呢？一是为了更好地救治患者，解除患者的痛苦。二是经过时间的沉淀，我们凝练思想，要形成更多的学术成果来启发他人，培养优秀的人才，为中医学的繁荣和发展作贡献，这是我们这一代中医人的重要任务之一。

学成中医——勤求古训，博采众方

访谈者：您认为您学习和从事中医可以分为哪几个阶段？能介绍一下不同阶段您学习和研究中医的方法吗？

尹常健：我认为可以分为六个阶段。

第一个阶段：学习和接受。学习和接受中医的主要方式包括听讲（即听老师授课），读书（阅读经典理论和医学专著），研讨（与老师和同事讨论，互相启发）。因此，学习和接受中医是第一步。通过这些方式，我们能够了解和熟悉中医的许多理论和方法。

第二个阶段：领悟和思考。我们读了很多书，听了很多课，接触了许多中医的理论和实践问题，但学习时必须通过思考去领悟这些理论。然后，我们再认真思考一些问题，为什么是这样？怎么会是这样？只有经过领悟和思考才能使我们学习的知识得到深化。

第三个阶段：归纳和梳理。我们要通过自己的努力，把学到的知识进行归纳和梳理，使其条理化，让它更清晰、更完整、更系统。没有归纳和梳理的过程，是很难实现知识体系的系统化的。

第四个阶段：应用与验证。我们学了很多经方、理论和其他方法，需要在日常生活中进行应用，看一看是否有效、疗效如何，以进行应用和验证。

应用的过程就是验证的过程，比如，我们都学习过一个经典方剂——小柴胡汤，只有在临床上不断应用和验证后，我们才能理解小柴胡汤的适应范围、组方技巧和用量的把握，以及其适应证的确立。只有这样，我们才会进一步的理解和掌握。我认为，应用和验证是最重要的过程。

第五个阶段：提炼和升华。我们可以在应用验证的过程中，对所学的知识进行提炼和升华，明确哪些确实有用。当今社会，中医的治疗目标已经发生了很大的变化，我们不仅面对传统的中医病证，还要应对西医学疾病的防治。因此，在应用与验证的过程中，我们需要提炼出一些更适合用于西医学疾病防治的经典的方药和方法。只有经过这个过程，我们才能更好地服务于大家。

第六个阶段：优化和组合。这个阶段我们要结合自己的体会和感悟，总结经验，将学到的知识进行优化和组合，是一个重组的过程。这个重组的过程非常重要，我个人对此深有体会。我们学习过茵陈蒿汤，茵陈蒿汤治疗黄疸的阳黄很有效，学习时认为只要辨证准确、对症治疗即可。然而，黄疸可以出现在许多现代疾病中，如胆石症、肝脏肿瘤、胰腺肿瘤、乙型肝炎等。因此，我们需要结合实践对知识进行优化和组合。比如，治疗一个胆石症引起黄疸的患者时，我们应在退黄的基础上，适当地结合现代科学，添加一些溶石药物、排石药物，以提高疗效。对于乙型肝炎患者，若转氨酶升高，除了用茵陈蒿汤利湿退黄治疗黄疸的基础上，还需要添加一些保护肝细胞、减轻肝脏炎症的药物，以使我们的治疗更科学、更合理、更符合现代医学疾病防治的需要。优化和重新组合的方药，才是有意义的。

我个人的方法，大致有以下几步。①读书、听讲，在临床中常读书、听课，巩固基础知识。②侍诊，跟随老先生们参与门诊、会诊等。③思考、领会、梳理、应用、提炼和优化重组，将所学的经验、经典方剂真正转化为自己的东西，供自己使用。只有经过这样一个完整有序的过程，才能真正掌握中医的精髓。

访谈者：老师，您认为中医经典在学习中医的过程中起到什么作用？您是如何学习中医经典的？

尹常健：近年来，学习中医经典著作被特别强调。我认为学习中医应当读经典、做临床、跟名师。《黄帝内经》《伤寒论》《金匮要略》，到《本草纲目》这些经典著作，为我们构建了一个完整的中医框架和体系。读经典可以使我们更好地掌握中医理论的精髓。中医经典之所以永不过时，是因为中医经典最能够体现中医的本质特色，是因为中医经典永远对我们的临床实践具有重要的指导作用。中医经典是我们的前辈在长期实践中不断总结、探索和摸索得出的智慧结晶。例如：我们学了《黄帝内经》的病机十九条以后，就能一定程度上掌握中医的病机理论；我们学了《本草纲目》所讲的中药的性味归经以后，才能把握中药临床应用的一些事项和基本要领；《伤寒论》为我们确立了辨证论治的方法，其中的一些经典方剂今天仍在广泛应用，而且疗效特别好。在学习中医经典的过程中，我们不仅能够完整地了解中医的本质特色及其理论特色，同时也看到中医学作为一门医学科学，它的医学元素是丰富的。在中医经典中，我们可以看到古人对解剖学、生理学、病理学、疾病学、疾病防控、治未病等概念的理解，还可以看到古人养生保健、建立良好生活方式的要领。这些基本的医学元素在中医经典中体现得淋漓尽致。我认为《金匮要略》是与临床联系最密切的经典著作之一，《金匮要略》里有许多病证与西医学疾病可以对应，例如，其中提到的狐惑病就可以与西医的白塞病对应，两者的临床表现，甚至治疗原则都是一样的。因此，强调读中医经典，非常重要且必要。学好中医、做好中医，读经典是一个最重要的环节。

在学习中医经典著作的时候，可能会遇到一些障碍和困难，怎么办呢？我认为有四点：第一要认真读，第二要不断领悟它，第三要尽量多用它，第四要进行总结。我上大学学习《伤寒论》时，就觉得它的体系太庞杂，当时负责给我们讲授《伤寒论》的老师是徐国仟老师，我就问徐老师能不能用提纲的形式总结学习《伤寒论》，他说："可以，你试试吧。"我就用大括号、中括号和小括号，把六经体系整理成一个完整的《伤寒论》学习提纲，交给徐老师审批。徐老师用了一个星期的时间才将批改过后的学习提纲和修改意见交给我。我拿到后，发现徐老师除了每一章、每一节都提出具体的意见，还写了整整七张稿纸的修改意见，使我有了新的感触，学习只有经过自己的思考才能变成自己的东西。多年临床实践后，反过来想想，中医经典给我们的馈赠太多了，特别是《伤寒论》《金匮要略》，其中有许多方剂和治法至今仍常用，比如《伤寒论》的大、小柴胡汤临床应用范围非常广，还有大、小青龙汤，以及五个泻心汤可以用于治疗胃炎、溃疡等。因此，学习中医经典著作是我们学中医、做中医的第一步，只有学好经典，才能更好地把握中医基本理论的精髓和特色，才能帮助我们永远保持中医的主体思维、不至于在学术上走偏，这是非常重要的。

善治肝病——中西合用，用药灵活

访谈者：您如何理解慢性肝病？您在临床上是如何治疗的？有哪些常用方？

尹常健：慢性肝病的防治，如慢性病毒性肝炎、肝硬化的防治，是我们中医的特色优势。此外，我们的优势病种还有肝癌、酒精性肝病、脂肪性肝炎，以及胆系疾病如胆囊炎、胆石症、胆囊息肉等疾病。在这些疾病的治疗中，我们始终坚持中医辨证论治的原则，同时适当参考现代研究成果，结合现代医学的一些技术。目前临床上使用的 CT、核磁共振等技术并非西医专用，我们中医也可以借鉴这些技术。因此，中医在传统的望、闻、问、切四诊之外，一定要拓宽辨证手段，将现代诊疗技术的结果也作为中医辨证的依据。这样有助于中医治疗更好地与西医治疗接轨。我在临床上辨证选方用药时，也会参考患者理化检查的指标进行针对性用药。

在防治慢性肝病方面，中医不仅追求症状的改善，更注重患者整体的好转，衡量的指标也包括理化指标的改善。例如，在病毒性肝炎的防治中，我们有许多保肝降酶的中药。目前临床上使用的保肝降酶药中，80%与中药（或是中药单体，或是中药复方）相关。保肝降酶药中的甘草制剂、甘草二胺、五味子丙素、水飞蓟、猪苓多糖等都是中药单体或中药复方。我们也有治疗脂肪肝效果很好的中药，这些药物在辨证的基础上选用，既可以改善症状，又可以改善生化指标。注意，一定要规范用药，要遵循肝脏生理病理特点，在此基础上选方用药，尽量避免使用有损肝脏的药物，选择一些药食同源的药物。我们还制定了许多协定方、经验方，针对不同的疾病有不同的方子。比如保肝降酶的降酶方；针对脂肪肝的抗脂肪肝一号方，现已转化为院内制剂——疏肝调脂片；治疗肝硬化的肝硬化方；针对黄疸的协定方，院内称为退黄方；治疗的胆囊疾病排石汤。这些针对某一疾病总结出的协定方，目前在临床上得到了广泛应用。

医患交流——理解患者，宽慰患者

访谈者：您是如何建立良好的医患关系的？在这方面有什么经验？

尹常健：对待患者，我始终遵循"患者如亲人"的理念。在临床上，无论贫富贵贱，无论怨亲善友，医生都要一视同仁，要践行"我们为患者服务"的理念。比如，对于经济条件不太好的患者，在有疗效的前提下，尽可能使用价格相对低廉的药物，或者建议患者选择药食同源的食物或者代茶饮，或者建议患者通过改变日常生活方式去改善。另外，由于大众对肝炎的认识存在误区，有"谈肝色变"的问题，导致许多患者在生活和工作中面临很大的压力，尤其在社会交往中会遇到很大的压力。因此，如何调节患者的心理压力，也是我们肝病科医生面临的一个问题。医生必须有耐心地做好患者的心理工作。有时候，我们在门诊开个处方可能只需5～10分钟，但对患者进行心理干预可能需要更长的时间。比如有一个患者，患肝病多年，家里人始终不知道。患者说他可以喝中药，但不能在家煎汤药，如果我们开的是汤药的话，得在医院煎好带回去。一开始我们不理解，后来时间长了问患者，才知道是因为他的伴侣至今不知道他有肝病。类似的例子非常多，包括一些患者在单位上也会面临压力。因此，面对这样的患者，我们需要从不同途径来教患者如何缓解这种压力，做好患者的心理工作。

传承发展——诚实认真，勤恳宽厚

访谈者：您选拔学生有哪些标准呢?

尹常健：我的学生要团结宽厚、懂得尊重，要有团结协作的精神，要团结同志、宽厚待人、充分尊重他人意见；在学术上互相讨论，不轻易否定别人，更不能唯我独尊；要严于律己，善于学习他人的长处，只有这样，才能使自己更快地进步，各方面得到更大的提高；也要尊重患者，把对患者富有同情心、责任感作为对自己的根本要求。我经常要求学生们要青出于蓝而胜于蓝，要后浪推前浪，要勤恳努力，坚持实事求是，恪守科学道德，一定要在学术方面做到诚实认真，不能弄虚作假。

名医寄语

"严谨求实，融会贯通。"严谨求实——对治学要有认真负责的态度，实事求是。融会贯通——学习历代医家之所长，活用经典。

第十二章　冯建华

冯建华，教授，男，1950 年生，山东省临沂苍山（今兰陵县）人。山东中医药大学教授、山东中医药大学附属医院主任医师，中医内科学专家、内分泌学科带头人，硕士、博士研究生导师，中国中医科学院师承博士后合作导师。

冯建华教授毕业于山东中医学院（中医专业），后留校任中医内科学教研室临床教师。曾分别参加南京中医药大学举办的"国家中医药管理局中医内科高级师资培训班"和齐鲁医院举办的"山东省内分泌学习班"。1984 年，协助程益春、陈金锭教授成立了山东中医学院附属医院内分泌科，这是当时全国范围内为数不多的中医类内分泌科，也是全省首个中医内分泌科。1985 年，任山东中医学院附属医院科教科科长、医教科副科长，负责医院科研、教学管理工作；1994 年，调任山东中医药大学科研处副处长、处长／党总支书记；2004 年，任山东中医药大学党委／校长办公室主任；2005 年，调任山东中医药大学第二附属医院党委书记；2018 年 10 月退休。

冯建华教授兼任世界中医药学会联合会糖尿病专业委员会副会长，中华中医药学会糖尿病分会第三、第四届副主任委员，中华中医药学会瘀血症专业委员会副主任委员，中华中医药学会甲状腺病专业委员会副主任委员，山东中西医结合学会副会长，山东中医药学会第三届常务理事兼副秘书长，山东中医药学会糖尿病专业委员会名誉主任委员，山东省医师协会中西医结合分会会长，山东中西医结合学会首届职业病专业委员会主任委员，山东中西医结合学会内分泌专业委员会第一、第二届副主任委员，山东省健康促进会常务理事兼副秘书长，中华中医药学会名老中医药专家学术传承专业委员会常务委员，山东省卫生管理专家委员会委员，国家自然科学基金委员会评审委员，国家及山东省新药评审专家委员会委员，教育部学位论文评审专家，山东省科学技术成果评审专家，《中药新药临床研究指导原则》（第四辑）起草专家，《糖尿病中医防治指南》起草专家，《糖尿病之友》专家委员会委员，山东省首届老专家咨询委员会委员，济南市老科协常务理事等职。先后被国家中医药管理局和山东省中医药管理局聘为国家中医药管理局重点学科学术带头人，第四、第五批全国老中医药专家学术经验继承工作指导老师，山东省五级中医药师承教育项目指导老师，山东省首批名中医药专家传承工作室专家。培养硕士、博士研究生和优秀人才及师带徒60余名，均成长为中医临床骨干或学科负责人。先后获得山东省名中医药专家、山东省首届杰出医师、新世纪百千万人才、山东省高校科研先进个人、中国中西医结合学会先进个人等荣誉。从事中医、中西医结合临床、教学、科研及管理工作40余年，始终坚持临床一线工作，勤奋学习，刻苦钻研，先后承担国家"十五""十一五"重大科技专项课题，主持国家自然科学基金项目及山东省"十五""十一五"中医和中药现代化攻关课题，获省部级科技成果奖10余项，出版学术专著15部，发表学术论文90余篇。

名医之路——从实践出发

访谈者： 您是怎么走上中医之路的？

冯建华： 这个要追溯到 50 年前了。那时我刚高中毕业，正值"文化大革命"时期，学生基本上都回家乡了，回家后有个机会做赤脚医生，公社卫生院组织我们进行短期培训。当时在卫生院有个号称"鲁南名中医"的大夫，我当即拜他为师。日常的学习除了听老师讲课，还有侍诊和抄方，深得教益。后来我运用所学给父老乡亲看病，有些小病用一些单味中药或者小验方取得了很好的疗效，我自己也尝到了甜头，觉得中医很实用，对中医很感兴趣，于是决定系统学习中医，做一名中医大夫。大学恢复招生之后，我唯一的志愿就是中医学，便从此走上中医之路。

访谈者： 在您一路成长为名中医的过程中，有哪些人对您产生过重要影响？具体是什么影响？

冯建华： 首先声明，我不是"名中医"，我是一名普通的中医工作者，一名临床中医生。回忆起我的学医过程，许多中医工作者和老前辈都是我的老师。"三人行，必有我师"，这句话说得很对，在多年工作中，我向每一位智者和老前辈取经学习。影响我最大的前辈是"八老"之一的周次清教授、中西医结合内分泌专家陈家伦教授、全国名老中医程益春教授，还有国医大师周仲英教授。毕业后，我被分配到学校的中医内科教研室。当时，周次清教授是内科教研室主任，我经常与他探讨医学并聆听他的教诲，遇到问题也常常请教周老师。每个问题他都耐心地给我们讲解。他反复强调："中医是个宝，一定要好好学习。学习没有捷径，就是多读书、多临床。"所以，他给我们推荐了一些除了四大经典之外的书，包括《脾胃论》《医学衷中参西录》等，都对我的影响很大。程益春教授和陈家伦教授都从事中医和内分泌方面的工作，他们内分泌疾病的诊疗思路对我的影响也很大。1989 年到 1990 年，我参加了国家中医药管理局举办的全国中医内科师资提高班，这个提高班当时是委托南京中医药大学承办的。周仲英教授是我们的班主任，也是主讲老师。培训的时间里除了上课，还有半天的临床教学，基本上就是跟着周仲英教授学习（抄方和侍诊）。因此，我深受他的医德医风、学术思想及诊断技术的教育，得益于此，我的临床技术，尤其是中医内科的临床技术，提高很大。综上，在我的中医临床路上，这四位教授对我影响最深。除了这几位老师，还有一本叫作《名老中医之路》的书，对我影响深刻。这本书收录了很多全国名老中医的成才经历，我建议每个中医都应该学习他们的成功经验。

职业认同——恪尽职守、精益求精

访谈者：老师，您能谈谈对医生这个职业的态度和看法吗？

冯建华：我一直把医生这个职业视为神圣而又崇高的职业，是富有人道主义精神的。为什么这样说呢？作为一个医生，治病救人、为人民解除痛苦是最重要的事情。医生的职责就是治病救人，所以我认为这是一个富有人道主义精神的职业。这些年来，尤其是医疗制度改革以后，好的方面很多，但不良的现象也存在，比如拜金主义等不正之风。所以我认为借用医生这个职业来获取不正当的利益是不道德的，违背了作为医生的初心。因此，我们应该树立高尚的职业道德，全心全意为患者服务。这就是作为一个医生最起码的道德观。

当然，人没有不生病的，有些患者要求过高，每一个疾病都要求医生必须治好。遇到这样的患者要耐心解释，有的疾病是比较凶险的，有可能治愈，也有可能治不好，甚至有可能死亡。因此，医生应该向患者解释清楚，让他们明白。出现医患矛盾，可能是因为医生的一句话，或者医生的态度不好、语言解释不到位。医生一定要用科学的态度与患者沟通，要耐心做好患者的思想工作，其中还包括精神治疗、心理治疗。

访谈者：您曾经的梦想实现了吗？您还有其他的梦想吗？

冯建华：每个人都有自己的梦想。在上中学的时候，**我曾想过成为老师、作家、科学家，也想过参军，后来对中医感兴趣，顺利成为一名医生，还是一名中医医生。其他的梦想随着年龄的增长都消退了。我现在已经退休了，只希望能继续在中医的道路上，利用所学为患者服务，作出应有的贡献。

学成中医——谦逊好学，严谨博知

访谈者：您能给后学者赠送几句话吗？

冯建华：希望同学们和全体中医人，一定要对中医有自信心，正如习近平教导我们的，要文化自信。自信的前提，我认为有以下几点：第一，中医有几千年的发展历史和长期的临床实践经验。第二，中医有着完整而成熟的理论基础，同时还在不断吸收其他学科的理论、科学知识、科学技术，不断发展、创新，具有很强的生命力。第三，中医有确切的疗效，这是最重要的。第四，有党和国家的政策保障。所以，我希望同学们要继承、创新、发展好中医药事业。我相信中医药事业一定会健康发展、越来越好。

访谈者：老师，您觉得中医经典在学习中医的过程中起到什么作用？您是如何学习中医经典的？

冯建华：我认为中医药学从基础到临床，从中药到方剂，从养生到治病，都是离不开中医经典的。当代的中医教科书，基本上都是源于经典，在中医经典的基础上增加了一些新的认识、研究成果和经验。要想打牢中医学基础，必须学习中医经典，因为中医经典是中医理论的源泉和中医学的坚实基础。有句话说得好：基础不牢，地动山摇。

我学习中医经典并没有什么特别的经验，只是在上学的时候背诵得多，那时的理解力不如现在，但是足够努力。如今，虽然我的理解力增强了，但记忆力却不如从前了。现在是学用结合，带着问题学习。我的经验是，医学不容易学，必须活到老学到老，永无止境。现在提倡读经典、用经方，这是中医人的必修课，但我的建议是，不可对经方照抄、照搬。因为现在的环境、人体、药材等方面较古代多多少少都有些变化，所以应该对原方辨证化裁，灵活运用，辨病辨证相结合。学习是为了继承，继承是为了发展，而发展就必须有创新。只要有了创新，中医才有生命力。

善治甲状腺病——把握虚实，分期而治

访谈者： 请您讲一个您擅长治疗的疾病，比如桥本甲状腺炎。您如何理解它的核心病机？桥本甲状腺炎在西医临床上有很多类型，中医有哪些常见的证候类型？您的常用方剂、核心的辨证特点和方药，能简单介绍一下吗？

冯建华： 桥本病，即桥本甲状腺炎，又称慢性淋巴细胞性甲状腺炎，最早于1912年由一位名叫桥本的日本医生在杂志上首次描述了4例慢性甲状腺炎。后来，这种疾病被称为桥本病。西医认为这是一种自身免疫性疾病，因为在患者的血液中可以检测到高水平的甲状腺自身抗体。该病的诊断依据是甲状腺无痛性弥漫性肿大，其肿大的质地较硬、表面可能有结节，甲状腺自身抗体的滴度升高。我看到有些教科书上描述，甲状腺自身抗体高于正常值上限的60%即可诊断，但在临床上我发现有些患者即使抗体水平未达到60%也可被诊断为桥本病。这个数值是动态的，因此需要多次检测。该病常有遗传倾向和家族史，主要发病于中老年女性。有资料显示，近年来发病率呈上升趋势。

在中医学中，该病属于"瘿病"范畴，其核心病机我认为是本虚标实。本虚是正气亏虚，以脾虚为主，发展到甲状腺功能减退（后简称"甲减"）则为脾肾阳虚；"标实"则表现为气滞、痰凝、血瘀等。一般轻型病例可能没有任何症状，很多是在体检时发现的。因此，凡是中老年女性和男性，如果检测到甲状腺结节，且甲状腺偏硬而无明显症状，一定要检查甲状腺功能五项。

典型桥本病的发生和发展通常分为两个阶段：①初期可能并发甲状腺功能亢进（后简称"甲亢"），称为桥本甲亢，其症状与Graves病相同，即毒性甲状腺肿伴甲亢，治疗方法也相同，可以使用抗甲状腺药物进行治疗。②在中晚期，甲状腺细胞部分或完全失去功能，可能会出现亚临床甲减或临床甲减，其治疗方法与一般甲减相同。在病程的任何阶段，患者都可能表现出气虚的症状，如乏力、气短；在甲减阶段，可能还会有畏寒等症状。因此，中

医辨证为正气亏虚，这与西医所说的自身免疫力低下相吻合。其治疗需要根据不同阶段的不同症状进行辨证论治。

在甲亢阶段的中医治疗中，辨证分型常见的是心肝火旺。治疗方法包括清肝降火、清热解毒、滋阴除烦、化痰活血、消瘿散结。常用的方药有龙胆泻肝汤、栀子清肝汤，加味消瘰丸。对于甲功正常的患者，治疗以益气消瘿为主，可以在加味消瘰丸和沉香散结方的基础上进行调整。

在甲减阶段的中医治疗中，应当益气温阳、软坚散结，方剂可以选用加味消瘰丸或者金匮肾气丸进行加减。在治疗中，无论是甲亢还是甲减，均建议使用黄芪。黄芪是补气的要药，并且补而不燥。药理研究表明，黄芪具有调节人体自身免疫的作用，并能有效降低甲状腺自身抗体的水平。我在临床上治疗桥本病时常用的方剂有黄芪消瘰方、柴香散结汤等。

黄芪消瘰方由黄芪、茯苓、白术、半夏、莪术、夏枯草、生牡蛎、玄参、赤芍、浙贝母、桃仁、山慈菇、炙甘草等药物组成，具有健脾益气、化痰活血、软坚散结的功效。这个方子是根据消瘰丸、桂枝茯苓丸、二陈汤化裁而来的。方中的黄芪用于补气扶正；茯苓、白术、半夏、莪术、桃仁、赤芍用于燥湿健脾、化痰活血，为臣药；夏枯草、生牡蛎、玄参、浙贝母、山慈菇用于化痰解毒、软坚散结，为佐药；炙甘草则调和诸药，缓解山慈菇的毒性。

柴香散结汤由柴胡、香附、夏枯草、玄参、浙贝母、生牡蛎、莪术、制鳖甲（原用炮山甲）、橘核、皂角刺、山慈菇、黄芪、炙甘草等药物组成，具有疏肝理气、软坚散结、活血的功效。柴胡和香附用于疏肝理气；橘核、皂角刺、莪术、浙贝母、生牡蛎、制鳖甲用于行气化痰、活血祛瘀、软坚散结；夏枯草、玄参、山慈菇用于清热解毒、散结，山慈菇虽有毒性，但不良反应很少，炙甘草可以调和其毒性；黄芪和炙甘草益气，黄芪兼具活血的作用，提高免疫力，甘草调和诸药。全方理气化痰、益气活血、清热解毒、软坚散结，在临床上效果显著。

医患交流——广结善缘，与人为善

访谈者：您如何处理医患关系，在这方面有什么经验可以与我们分享？

冯建华：关于这个问题，我认为患者和医生之间应该是平等的关系。患者来就医，我们应热情接待，履行医生救死扶伤的职责。患者往往是在身体或精神上受到病痛折磨的弱势群体，因此，我们必须以同理之心接待他们，给予安慰，认真对待，精准治疗。对于在心理和情感上有问题的患者，还需要对其进行心理疏导和情感安抚。有些医患矛盾可能是由于医生在解释某些问题时不够到位。当然，也有个别患者可能因为对医生缺乏尊重，或者对现行医疗政策和医保制度的不满而产生矛盾。在门诊中，我也会对这样的患者进行劝说、教育。面对不同的患者，应该区别对待，该说服的要进行说服，该批评的也要进行批评。对于年轻医生来说，要学会灵活应对。

医患之间应该是利益共同体的关系，因为双方都有战胜疾病的共同目标。战胜病魔既需要依靠医生精湛的医术，也需要患者战胜疾病的信心。因此，医患之间应该如同一个战壕的战友。建立良好的医患关系，首先要从自身做起，医生要时刻牢记自己的职责是救死扶伤，要设身处地为患者着想，以耐心换取患者的信任，当然还要具备过硬的医术。

我想举一个印象深刻的例子。20 世纪 70 年代，我们在上大学时，曾去山东省章丘县（现为章丘市）的一个公社开门办学。我们利用课余时间，由老师带队，去周边的农村进行巡回医疗。在一个村子里，我们遇到一位中风的男性患者，49 岁，发病半个月。患者和家属请求我们为他治疗，当时患者半身不遂，失语，我和另一位同学接下了这个患者。在老师的指导下，我们为患者提供中药内服、针灸、推拿、语言训练等综合治疗。由于那时我们每周进行巡回医疗，这样的间断治疗效果不好，所以我和另一位同学商量，两人交替为患者治疗。我们每天吃过晚饭，就利用休息时间去他家，来回十几里路，回来时已很晚。那时没有自行车，我们都是跑着去，但由于年轻，也不觉得累。看到患者经过治疗一天天好转，我们打心里高兴，觉得很有成就感，并在治疗的过程中学到了很多知识。经过不到一个月的治疗，患者就能下地走路了，语言也恢复了八九成。患者家属非常高兴，逢人便说是两个大学生救了患者，救了他们全家。当时他们还写了感谢信，我和另一位同学也受到了学校的表扬。直到现在我们还保持着联系，他们也经常介绍患者过来看病。这个例子说明，只要真心为患者着想，就能得到患者的肯定、信任和感谢。其实绝大多数患者都有感恩之心，只要全心全意为患者着想，就能建立良好的医患关系。

传承发展——有教无类，师生共进

访谈者：您选拔学生和弟子的标准是什么？您是如何培养弟子的？请您与我们分享一下。

冯建华：我选择学生其实没有特别的要求，只要认真学习、想学中医的都可以。我带的很多学生都很优秀，都是好学生。他们多数是硕士研究生，还有博士研究生和博士后。他们热爱中医药事业，学习态度非常诚恳。由于我的中医理论知识比较浅薄，所以学生们对于中医理论的学习主要靠自学。当然，在学习期间，山东省中医药管理局也经常举办一些高层次的学习班和主题讲座，同学们都积极参加。我鼓励学生博览群书，在临床上相互学习讨论。我也从同学们那里学到了很多东西，以期师生共同进步。我的学生们毕业后都发展得很好，无论是职称、职务，还是临床技术、科研成果等方面，都取得了很优秀的成绩。我的学生里有的成为研究生导师，有的成为医院领导、科室主任，几乎都成长为本专业的学术骨干，甚至是学术带头人。我由衷地为他们感到高兴。

名医寄语

医非博不能通，非通不能精，非精不能专。必精而专，始能由博而约。

第十三章　刘瑞芬

　　刘瑞芬，教授，女，主任医师，山东中医药大学博士研究生导师。曾任山东省中医院妇科主任、妇科教研室主任。现任国家中医药管理局重点学科带头人、卫生部（现卫健委）重点专科学术带头人，山东中医药学会妇科专业委员会第三、第四届主任委员，第五批全国老中医药专家学术经验继承工作指导老师，国家中医药管理局"刘瑞芬全国名老中医药专家传承工作室"建设单位指导老师。兼任世界中医药学会联合会妇科专业委员会副会长，中华中医药学会妇科分会常务委员，国家自然科学基金评审专家，中药新药、医疗器械评审专家，国家科技奖励评审专家等职务。

　　刘瑞芬教授从事中医妇产科临床、教学、科研工作40余年，在中医药基础理论和专业知识方面有坚实的积累，具有丰富的临床、教学及科学研究经验，并在学术上取得了较高的造诣。她在临床上擅长治疗妇科炎症、痛经、月经失调、不孕症、节育措施并发症及不良反应、妇产科血症、子宫内膜异位症、绝经综合征、子宫肌瘤及反复流产等问题。她先后在省级以上学术期刊发表学术论文70余篇，撰写著作12部，并作为副主编参与编写了《中医妇科学》《中西医结合妇产科学》等4部国家级教材。她承担了17项科研课题，其中包括5项国家级课题，获省部级科技进步二等奖和三等奖各4项，山东省中医药科学技术一等奖1项，以及教育部多媒体课件大赛高教医学组三等奖1项。此外，她申报了2项国家新药，培养了2名徒弟、70余名博士研究生和硕士研究生。

名医之路——刻苦勤奋，春苗初长

访谈者： 您早年是如何走上中医之路的？

刘瑞芬： 我出生在山东招远的一个大村庄。我的父亲是当地有名的中医大夫。自我记事起，就跟随父亲出诊，看着父亲为乡亲们看病。父亲的一言一行就像春雨，望闻问切，辨证施治，关切询问，无一疏漏，润物无声地沁入我幼小的心灵，使我渐渐养成了不急不躁、温和耐心的性格，也使我从小对中医药学产生了一些初步的感性认识，并由此滋生了浓厚的兴趣。父亲忙时问诊，闲时教女，有空就让我背诵《黄帝内经》《汤头歌诀》等中医书籍，这让我在兴趣之余又具备了良好的中医基础。虽然我们五姊妹赶上了"文革"时代，但我们没有因时代的动荡不安而辍学，这归功于我们父母的开明和对知识的尊重。家里八口人，全靠父亲52元的工资维持生计，在外人眼里，我们是上学不挣钱、只会张嘴要钱的人，但我们的父母并不以此为难，坚持让五个孩子上学。得益于此，我顺利走上了中医之路。

职业操守——大医精诚，医德高尚

访谈者： 您怎样看待自己的职业，在工作中您是如何做的？

刘瑞芬： 我的人生座右铭是"行医一时，鞠躬一生，不求闻达，但求利人"。为了让患者来了能看上病，特别是外地患者，即使到了下班时间，我一般都会询问是否还有患者，有的话就继续看，结果常常是看了一个又一个。我这样做为的是不让他们失望而归或多费时间和金钱。因此，我和学生加班加点成了家常便饭。大多数时候，上午的门诊延续到下午一点多，我便和学生到医院旁边的一个固定小店买点盒饭或吃碗面条。一次，上午门诊又看到了一点多，刚换好衣服准备和学生一起下楼吃饭，就看到又有患者前来找我，经过询问，我了解到是外地来的患者，还没来得及挂号，我就对学生说："人家来一趟不容易，先看完再挂号吧。"我的时间是患者的，40多年的行医之路，每天都是这样忙碌过来的。我是在毛泽东思想的教育下成长起来的，为人民服务是党员的本色，我感觉自己做的都是平常的事情。

学风源流——虚心好学，衷中参西

访谈者： 在您一路成长为名中医的过程中，有哪些人对您产生过重要影响？具体是什么影响？

刘瑞芬： 1985年至1990年期间，我多次参加全国西医妇产科培训班，受到苏应宽先生、江森先生等人的熏陶。我认为临床医师应充分发挥中西医双方的优势，不应有门户之见，应提倡衷中参西、中西医结合。

中西医各有所长，各有所短，虽然它们的理论体系截然不同，但都是科学的，其区别在于对疾病认识的方法和治疗手段不同。中医偏重于宏观认识，西医则偏重于微观认识。虽然认识的方法不同，但两种医学的最终目的都是治病救人，具有很大的互补性。一方面，中医虽然有着几千年的悠久历史，博大精深，但在其发展过程中受历史条件的限制，使中医对疾病的明确诊断及治疗方法不能完全满足和适应现代临床的需要。另一方面，目前西医重视局部、重视微观，对某些疾病的治疗也有一定的局限性，尤其对一些疑难杂症临床疗效欠佳。因此，我们应该倡导中西医结合，发挥中西医各自的优势来治疗疾病。

学成中医——不惧艰难，坚强刚毅

访谈者： 您早年的条件比较艰苦，有没有什么印象深刻的事件？

刘瑞芬： 1977年下半年，我被安排到济南市历城区唐王村去带教知青。在我的印象中，那是一段缺吃少穿的艰苦岁月。我一个人住在一间破旧的小屋，小屋屋顶漏雨、墙壁透风，我用凳子顶着门才敢入睡。没有吃的，我就带领学生们自己种菜，边劳动边学习。1983年冬天，在我儿子4岁时，医院选拔能做手术的大夫到基层做结扎手术，我被选中。当时在冠县的一个多月时间里，我每天从早忙到晚，一点也不得闲，十多分钟一个手术，手术做得十分熟练。这些艰苦岁月，都给我留下了深刻的印象。

工作作风——细致严谨，精益求精

访谈者：听您的学生们说，您平时工作十分细致严谨，这种品质是如何养成的呢？

刘瑞芬：我上高中时，适逢"文革"。那时候，虽然没有正规的上课学习，但与他人相比，我看书多，爱写东西，这些爱好和习惯为我奠定了良好的文学功底。我到工作后，才意识到文学功底对写材料、编教材的重要性，这还真是多亏了早年的积淀。年轻时工作需要写文章、整材料，很多人视此为单调乏味的事情，而我则是绞尽脑汁地写、调动全身心的力量准备。由此养成了字斟句酌、严谨细致的习惯。

学术观点——补肾活血，顾护脾胃

访谈者：从业这么多年，您对妇科疾病的治疗有哪些体会？

刘瑞芬：诸多妇科疾病与"肾虚血瘀"相关。女性的特殊生理现象（经、带、胎、产、乳）均与肾和血有着密切的关系。我在临床治疗妇科病证时，会按照"异病同治"的原则，补肾与活血并用。根据治疗侧重点的不同，又分为补肾活血法与活血补肾法。补肾活血法是以补肾为主，辅以活血化瘀的一种治法，适用于肾虚血瘀证，即疾病的证候以本虚为主的本虚标实证，如绝经综合征、月经后期、月经过少、闭经、多囊卵巢综合征、免疫性不孕、排卵功能障碍性不孕、功能失调性子宫出血等疾病。而活血补肾法则是以活血化瘀为主，兼以补肾的一种治法，适用于血瘀肾虚证，即疾病的本质以标实为主的标实本虚证，如慢性盆腔炎、子宫内膜异位症等疾病。

同时，治疗妇科疾病无论是立法组方，还是服药方法；无论是攻逐邪气，还是补虚扶正，都应重视顾护脾胃。脾胃充，则能充养四肢百骸。脾胃健运，气血充足，血海满盈，胞宫按时溢泄，则经候正常。

名医寄语

行医一时，鞠躬一生，不求闻达，但求利人。

第十四章　赵学印

赵学印，男，1956 年生，山东省肥城市边院镇人，曾任泰安市中医医院副院长、肝病科主任。

1969 年至 1979 年在肥城市边院镇官庄村任乡村医生，其间在边院镇卫生院进修一年。1979 年经国家招考被分配到肥城市中医医院，从事中医内科临床工作。1980 年在泰安地区组织的中医提高培训班学习一年，1981 年在该班担任教师负责讲授《伤寒论》，并开始自学中医药大学本科课程。1987 年考取山东中医学院消化专业研究生，师从山东省肝病专家王文正教授，曾到武昌、福州、南京三地参加学术会议。1990 年毕业后被分配到泰安市中医医院，1991 年负责组建肝病门诊，1993 年牵头成立肝病科、担任肝病科主任。1995 年建成肝病楼，1998 年至 2002 年间，将肝病科先后建成泰安市、山东省和国家中医药管理局重点中医专科。2002 年被选拔为泰安市中医医院副院长，2018 年退休后返聘在肝病科工作，工作之余潜心总结经验，整理资料。

主要任职及个人荣誉包括：中国医师协会中西医结合分会肝病学专家委员会副主任委员，中国中医药信息学会宫氏脑针研究分会副会长，中国民族医药学会肝病分会副会长，中华中医药学会肝胆病分会常务委员，中国中西医结合学会肝病专业委员会委员，山东中西医结合学会肝病专业委员会主任委员，山东中医药学会肝病专业委员会副主任委员，山东省人大代表，泰安市人大常委会委员。1998 年被确定为泰安市跨世纪优秀青年科技人才，1999 年、2005 年、2010 年三次被评选为泰安市专业技术拔尖人才，2000 年被评为泰安市劳动模范，2001 年被评为山东省优秀共产党员、泰安市十大名中医，2002 年获山东省"富民兴鲁"劳动奖章，2003 年当选为山东省十届人大代表，2004 年被评为泰安市十大优秀科技人员，2005 年获山东省卫生系统"廉洁行医"十大标兵称号，并被选拔为山东省中医优秀临床人才第一层次培养对象，2010 年被评为泰安市百姓知名中医，2011 年被评为泰山医学家。出版专著及学术论文：在省级以上刊物发表学术论文 20 余篇，出版著作 4 部，发明专利 4 项。

名医之路——起于基层，归于实践

访谈者：您是怎么走上中医之路的？

赵学印：回顾我的医疗生涯，大致可分为三个阶段：①德医双修打基础。学习中医基础知识，开展基本的医疗活动，树立良好的医疗品德，这是我1969年至1979年任乡村医生的阶段；②边干边学求深造。学习中医理论，研究中医经典，结合临床丰富自己的中医知识和临床经验，这是我1979年至1990年在肥城市中医医院工作和山东中医药大学读书的阶段；③潜心临床搞创新和传承。深入挖掘中医宝藏中的知识和经验，在理论和实践的结合中提高创新能力，将传统中医不断补充、完善、创新、升华和传承，这是我1990年至今在泰安市中医医院工作的阶段。

二十世纪五六十年代，医疗水平落后，尤其是农村。家里父母身体不好，经常找村里的老大夫看病，一来二去我就产生了兴趣。当时我也不知道西医与中医有什么区别，家家户户生了病就是熬一副汤药或者吃几个白色药片。因为好奇我就向村里的老大夫借书看，也学到了不少，进而逐渐对医学产生了浓厚的兴趣，阅读了大量的医学书籍。孙思邈的《千金要方》及其中的《大医精诚》对我的影响特别深，"精"就是医术精湛，"诚"就是医德高尚。那时起我就立志德医双修，决心做一个德高医精的好医生。后来在任乡村医生期间，我做到了早起晚睡，有求必应，随叫随到，分秒必争。很快，我的医术吸引了十里八乡的各类患者，我的医德感动了朝夕相处的父老乡亲。1979年，当我被录用到肥城市工作离开家乡时，数百名乡亲恋恋不舍地送我到村口，流着泪说："你走了我们以后有病可怎么办？找谁去看？你可要常回来啊！"此情此景，我记忆犹新，终生难忘，一直在鼓舞我奋斗，为我后来的成长奠定了坚实的基础。

访谈者：在您一路成长为名中医的过程中，有哪些人对您产生过重要影响？具体是什么影响？

赵学印：在山东中医药大学学习期间，在王文正老师的指导下，我认真学习了肝病的相关文献，打下了肝病理论的坚实基础，明确了肝病发生发展的机制和规律，熟练掌握了肝病诊疗技术，学到了老师的用药思路和方法。尤其是老师运用的外用膏剂治疗肝病的外治疗法，对我启发很大。后来，我在临床上的肝病子母膏及各种肝病外治疗法的研制，都源于老师的启发。老师常说他在刘惠民老先生那里学到了很多宝贵的经验，教导我要好好学习刘惠民老先生的学术思想，并嘱咐我一定要学好《黄帝内经》和《伤寒论》，认真阅读李克绍教授的《伤寒解惑论》。我认为张锡纯、刘惠民、李克绍、王文正四位教授，是我学习中医的四大基石。他们的相关著作，对我的成长起了决定性的作用。

职业认同——以苦为乐，忘我一生

访谈者： 老师，您能谈谈对医生这个职业的态度和看法吗？

赵学印： 我一直把医生这个职业看成神圣而崇高的职业。诚信待人，童叟无欺，我时刻告诫自己，要做个诚信的医生。"爱岗敬业，默默耕耘；无私奉献，诚信待人"是我终生的信条。十几年来，我没有休过节假日和周末，"五一""十一"假期，我都不休息，常年坚持早上班晚下班，值夜班上白班，通宵达旦、连续工作是常有的事。大家都称我是"泡在医院里的人"。就这样，我把全身心都投入到了工作和患者身上。我认为无私是崇高的，奉献是幸福的。以苦为乐，以忙为荣，无怨无悔，忘我一生，这就是我一直追求的一个共产党员的人生观。

访谈者： 您的梦想实现了吗？还有其他梦想吗？

赵学印： 儿时我父母经常生病，我的梦想就是成为一名医生，为人们解除病痛。我非常欣赏陈嘉庚先生的一句话："金钱如粪土，撒播才有用。"我总觉得我是属于社会的，钱也是社会的，把钱用在最需要帮助的患者身上，才是最有意义的。我感到这才是最幸福的，才是真正实现了我的人生价值！

学成中医——焚膏继晷，如痴如醉

访谈者： 您能给后学者赠送几句话吗？

赵学印： 第一，"爱岗敬业，默默耕耘；无私奉献，诚信待人"。这是我一生的信条，也是我对后辈的建议。第二，我们做医生的不是做生意的，金钱不是最重要的，患者的健康才是第一位的。做医生最重要的是良心，学医先要学做人。第三，作为一名医生，需要做好思想准备，具备奉献精神，不能只追求名利和经济收益，不能在名利上有过多的杂念。我非常赞赏方志敏同志的"清贫"精神，两袖清风，一身傲骨。

访谈者： 老师，您认为中医经典在学习中医的过程中起到什么作用？您是如何学习中医经典的？

赵学印： 我阅读了大量的医学书籍，《千金要方》中的《大医精诚》对我的影响特别深远。上学后，王老师教导我要好好学习刘惠民老先生的学术思想和治学精神，经常嘱咐我一定要学好《黄帝内经》和《伤寒论》，认真阅读李克绍教授的《伤寒解惑论》。我觉得经典是中医传承的基石，对我的成长起了决定性作用。1990年来到泰安市中医医院后，我就把学习中医经典放在了重要位置，全文背诵《伤寒论》和《黄帝内经》，认真研究《神农本草经》中涉及的临床常用药物，系统学习温病学相关理论。由于工作繁忙，时间不足，我充分利用业余时间，学习古人"马上、枕上、厕上"的"三上"精神，利用在路上（行走和乘车）、会（会议）上、店上（理发店、商店、旅店）的时间抓紧学习，"经典不离手，背诵不离口"。2005年，在省内组织的中医经典考试中，我以第二名的优异成绩被选拔为中医药优秀临床学科带头人培养对象。经过三年的学经典、做临床、跟名师的培养学习，我的理论水平和临床技能得到了极大提高。

善治肝病——温补肝阳，独辟蹊径

访谈者：请您讲一讲您擅长治疗的疾病，简单介绍一下您的治疗经验和见解吗？

赵学印：首先，在肝病方面，肝气虚和肝阳虚是肝病的重要病机。肝气和肝阳容易不足，例如：素体肝的阳气不足，寒邪直接侵入厥阴肝经；肝主疏泄与升发，容易导致阳气耗损；各种慢性病从气虚发展到阳虚，其他脏腑影响肝脏；肝病日久导致肝阳气虚；治疗不当，如过度使用清泻通利、滋阴、抗生素输液等方法，损伤肝之阳气，进而引发肝病。因此，临床上治疗肝病时要注重保护肝阳，不可妄用苦寒药物。

其次，在疾病的各个阶段都可能存在正气不足的情况，因此治疗可以使用补法，即使是实证也可以用补法进行治疗。

最后，脑为主宰，李时珍有"脑为元神之府"的说法，王清任提出"灵机记性，不在心在脑"的观点。因此，我提出了"脑为主宰论""脑主神明论""脑主诸病论""脑主健康论"这几个观点。在临床上，我们使用开窍药、醒神药、辛香药、化痰药、通络药、补益药等对治疗脑髓病都有显著的作用，适当应用能明显提高疗效，甚至有立竿见影的效果。

医患交流——诚信待人，竭诚助人

访谈者：您如何对待患者，在这方面您有什么经验可以与我们分享？

赵学印：我认为，要诚信待人、童叟无欺，做一个诚信的医生。我在临床从不开大方、不乱检查，"花钱少、疗效好"是我一直追求的目标。因为我在农村行医多年，对农民的疾苦感同身受。他们省吃俭用，卖点粮食来看病，实属不易。有时稍不注意让患者多花了钱，我就感到内疚，总是严厉地自我批评。对于每一个患者，我都认真分析病情，耐心解释，诚心说服，绝无欺骗之心。俗话说，骗人如骗己，欺骗患者就是毁坏自己。骗来骗去，只会落得众叛亲离，威信扫地，患者越来越少。而诚信则会使你的患者越来越多，能力越来越强，威信越来越高，影响越来越大。我把自己置身于患者之中，设身处地地为患者着想，患者的困难就是我的困难，患者的需要就是我的责任。很多患者久病缠身，家境困难，无力继续治疗，我就尽力帮助他们。凡是遇到病情尚有希望，而又确实无力继续治疗而放弃的患者，我都尽自己所能帮助患者渡过难关，十几年来，我帮助过的患者不计其数，为患者捐助的钱也记不清有多少。

传承发展——言传身教，授人以渔

访谈者：您选拔学生和弟子的标准是什么？您是如何培养弟子的？有什么成就，请您分享一下。

赵学印：我选择学生的标准：第一，要求学生对患者好，要把患者当成亲人。第二，学生要勤奋，积极学习中医经典，最好能做到烂熟于心。第三，要有积极好学、积极进取的心态，要努力学习现代医学知识。第四，要耐得住寂寞。医生是一个神圣的职业，只要好好干，一定会有成果，要有耐心。我们的青年学生是中医发展的重要力量，我们要重视中医人才的培养，一定要言传身教，细致相授，点拨问题直指要点，授之以渔。

名医寄语

> 活到老，学到老，干到老，勤求古训，行医为民。

第十五章　王光辉

王光辉，男，1955 年生，山东泰安人。现任山东中医药大学兼职教授、主任医师、博士研究生导师。担任全国老中医药专家学术经验继承工作指导老师、全国名老中医传承工作室专家、国家重点中医专科专家。兼任中华中医药学会妇科分会常委、亚健康分会常委，山东中医药学会不孕不育分会副主委、亚健康分会副主委等职务。先后被评为山东省名中医、山东省优秀科技工作者、泰安市专业技术拔尖人才、泰安市十大名中医、泰安市优秀共产党员，并获"山东省十大名医"提名奖和泰安市五一劳动奖章，被泰安市政府确定为"泰安市非物质文化遗产项目"继承人。

他长期向年轻医师传授学术经验，积极培养学术继承人。作为全国第四批、第五批老中医药专家学术经验工作指导教师，他已培养出 4 名由国家中医药管理局确定的学术继承人，并全部完成学业。其中，2 名取得了医学博士学位，1 名取得了医学硕士学位。此外，他常年培养进修生、实习的研究生和本科生，学生累计达数千名。

他注重积累，善于总结。自 1991 年至今，他已积累了 20 余万份门诊病案资料。这些资料不仅有助于系统诊疗，还为科研工作和著书立说奠定了良好的基础。他先后取得了国家专利 9 项，其中包括 4 项发明专利。获得中华中医药科技三等奖 2 项，中华中医药科普著作奖 1 项，山东省优秀专利三等奖 1 项，泰安市科技进步二等奖 4 项、三等奖多项，山东中医药科技三等奖 3 项，山东药学会科技三等奖 1 项，以及山东省保健科技协会科技三等奖 2 项。他主编了 6 部著作，并参编多部，发表论文 60 余篇。

他曾被山东省人事厅记二等功一次，获得泰安市五一劳动奖章。全国著名中医学家、北京中日友好医院终身教授焦树德教授曾亲笔为他题词——"精研岐黄，济世活人"；国医大师、山东中医药大学原院长、终身教授张灿玾赠予墨宝——"杏林春暖"。中国工程院院士、中国医学科学院药物研究所刘耕陶教授为他欣然命笔——"祝王光辉副院长在中医中药事业发展中取得更好的成就！"。

名医之路——坚韧不拔，勇攀高峰

访谈者：您早年是怎么走上中医职业之路的？

王光辉：我出身于四世为医之家，毕业于正规院校，后又师承全国名中医刘洪祥主任医师，打下了深厚坚实的专业理论基础。我家祖籍为山西洪洞，后迁徙至山东泰安。家族王氏妇科起源于清代宣统年间，至今已有一百多年的历史。

王氏妇科的奠基人是我的曾祖父王书章先生（字存疑）。第二代传人是我的爷爷王兴钲，第三代传人是我的父亲王端岳。我的父亲至今仍坚持为患者诊疗。我在 16 岁时便开始从事乡村医生的工作，进行中医临床实践。在高考制度恢复后，我努力读书并考入了山东省泰安卫生学校，毕业后在泰安市第二人民医院工作。随后，我考入了山东中医学院（现山东中医药大学），毕业后在泰安市中医医院工作。从 16 岁起，我便开始进行中医临床工作，在从医 50 多年中积累了丰富的临床经验。目前，我主要从事中医妇科、中医男科疾病及亚健康的调理，其中以中医妇科疾病为主。我擅长治疗的疾病包括不孕不育、月经不调、子宫异常出血、妇科炎症、子宫肌瘤、卵巢囊肿、子宫内膜异位症、子宫腺肌病、乳腺病、更年期综合征、男性性功能减退、前列腺疾病，以及亚健康的调理。

职业操守——医者仁心，恪尽职守

访谈者：能谈谈您对医生这个职业的态度和看法吗？

王光辉：我认为一个好的医生不仅需要精湛的医术，还要具备良好的品德。良好的品德是医生最基本的素质，是立身之本。"仁心""仁人""仁术"是医德的三大要素，只有"心存仁义之心"，才能将所学知识转化为济世救人的"仁术"，进而成为"大医"。医术的提高来自临床经验的积累和理论知识的学习，而对待患者耐心和细致才能最大限度地减少他们的痛苦。我从医 50 多年来始终坚守在自己的岗位上，每次门诊都坚持看完才下班，即使患者数量众多，也不能让患者白跑一趟。我还开设了自己的新媒体社交账号，进而科普相关知识，为广大患者带来便利。我常对学生们说："患者选择了我，那我就要对患者负责。"在出诊的整个过程中，无论是问诊、开方、用药注意事项等，始终要将患者的感受放在第一位，从患者的角度考虑问题，做到亲力亲为、严谨细致，以求达到更好的治疗效果。

学成中医——熟读经典，治学严谨

访谈者：您觉得中医经典在学习中医过程中起到什么作用？

王光辉：我认为作为一名中医，熟读经典是必须的。《黄帝内经》是中医的入门之书；张仲景的《伤寒论》为中医辨证论治和理法方药诊疗的发展奠定了基础；《温病条辨》等书填补了中医治疗急性热性病和传染病的空白。这些中医经典都是中医人必须熟知的。我一直重视中医经典的学习，我的学术理论都是在这些经典理论的基础上发展的。

医学是一门非常严谨的科学，作为一名医者，要时刻保持严谨的态度。对于科研和学术问题，我认为要始终秉持实事求是的态度和精神，对学术造假零容忍。在求学与教学的过程中，也要严密谨慎、严格细致，以高标准要求自己和学生。

我60岁退休，但一直退而不休，从未离开临床，一直以"学为人师，行为世范"这一目标来要求自己。我始终坚持坐诊，耐心对待每一位患者，精准开好每一张处方。我认为医生所开的处方首先是要能为患者治好病，另外，此处方也是作为青年医生效仿参考学习的资料。因此，我仍坚持积累处方和病历，尽可能地将中医精华传承下去。

善治疾病——熟谙药性，药尽其才

访谈者：您如何理解不孕症？在不孕症的治疗上，您有什么自己的特色呢？

王光辉：在多年临床经验的总结中，我认为不孕症与气血、肾精关系密切。其病机多与肾虚血瘀相关，肾虚可致血瘀，肾虚为本，血瘀为标。同时，血瘀又阻碍气机，加重肾虚，出现肾虚血瘀甚至更为复杂的病机。因此，我在治疗不孕症时多以补肾、健脾、养血、活血、疏肝为主。常用药物包括枸杞子、刘寄奴、紫石英、丹参、鸡血藤、徐长卿、菟丝子、白芍、甘草、赤芍、当归、桃仁、川芎、桑椹、红花、土鳖虫、玫瑰花、泽兰、凌霄花、苏木、黄精、熟地黄、灵芝、川牛膝、黄芪等。其中，枸杞子、菟丝子、黄精、熟地黄等药具有补益肝肾、滋阴益精之功效；紫石英具有温肾暖宫的作用；刘寄奴、土鳖虫具有破血通经、散瘀止痛的功效；丹参、鸡血藤、当归、桃仁、川芎、红花、泽兰、凌霄花、苏木、川牛膝、赤芍等药具有活血化瘀、调经止痛的作用；白芍、桑椹则具有滋阴养血调经功效；灵芝、黄芪能补气养血；玫瑰花具有疏肝行气、和血止痛之功；徐长卿则能化湿止痛；甘草具有补脾益气、调和诸药的功效。

总体而言，我在治疗不孕症的用药上，所选之药的药性多为温性和平性。温性药多有温补作用，平性药则使药性平和，可调和药性，临能配伍；药味上多选用甘、苦、辛味之药，甘味药能和能缓能补，苦味能清热降火，辛味药有发散行血的作用；药物归经以肝、肾、脾三经为主。

在以上药物中，我最常用的药对有：川芎 – 当归、红花 – 玫瑰花、凌霄花 – 玫瑰花。其中，川芎 – 当归的使用率最高。当归甘温质润，长于补血，为补血之圣药；川芎为"血中气药"，尤善"下行血海"而"调经水"。二者相配伍可养血活血、行血中之滞。

学术观点——重视气血，重视肝肾

访谈者：从业这么多年以来，您对妇科疾病的治法主要有哪些体会？

王光辉：在长期的临床工作中，我不断总结经验，特别是在妇科疾病的诊疗中，我提出要重视气血，强调调理脾胃的重要性，并指出肝肾功能失调在妇科疾病中的关键作用，倡导关注肾虚血瘀对妇科疾病的影响等。

从中医基础理论来看，女子的经、胎、产、乳皆以血为本。任脉通畅，太冲脉盛，血海充盈，由满而溢，则月经按时而至；若任脉虚弱，太冲脉衰退，血海空虚，来源不足，则月经停闭。此外，女性血旺才能摄精成孕；妊娠后需要充足的血来养胎直至正常分娩；分娩时若血气旺盛，胎儿容易娩出，也不会耗血过多，产后恶露亦能正常排出并自然止息；哺乳期血气旺盛则乳汁充沛，分泌正常。中医理论认为气血互为根本，凡伤于血，必损及气，终气血俱虚。

在妇科疾病的病机上，我认为其多以肾虚为本、血瘀为表。若肾阴亏虚，阴虚生内热，热伏冲任，伤津灼血，则血滞成瘀；若肾阳亏虚，血失温运，则寒凝成瘀。故肾虚可致血瘀，肾虚为本，血瘀为标。同时，血瘀又阻碍生机，加重肾虚，形成肾虚血瘀的复杂病机，从而导致更为复杂的妇科疾病。因此，我在治疗妇科疑难病时，若遇肾虚血瘀者，主张"补肾活血"并用。因此，我在临床上治疗妇科病以具有补肾活血功效的药物为主，兼用具有疏肝健脾凉血作用的药物。

肝藏血，主疏泄，其性刚强，须得疏泄条达。在内伤七情之中，抑郁愤怒能使肝气郁结而伤肝。肝郁则气滞，郁久化火而致肝火亢盛，可导致月经先后无定期、月经过多、经期延长、崩漏、痛经、经行头痛、经行吐衄等妇科疾病。另外，肝为藏血之脏，体阴而用阳，如肝阴肝血不足，易致阴虚阳亢，可导致绝经前后诸证、经行头痛、子晕、子痫等疾病。因此，在治肝时多从两方面入手：对于肝郁气滞、血行不畅所致的妇科疾病，常采用疏肝养血法；对于肝郁化火，甚至肝火炽盛所导致的妇科疾病，治疗宜清肝泻火，或佐以凉血降逆；对于肝阴不足，肝阳上亢所致的妇科病证，治疗宜在育阴之中加入潜阳之品。

传承发展——精益求精、守正创新

访谈者：您对当今的中医事业的传承发展有什么看法？您为此做过哪些方面的工作？

王光辉：现在国家也提出来中医要传承精华、守正创新，这是宏观的方面。要进行中医的传承发展，我认为这是一个系统的工程，它包括很多方面，比如教育师承、经验学术、经典理论等。我认为在临床方面应瞄准一些重大疾病，进行一个个的突破。

在多年的临床工作中，我不断在前人的基础上总结创新，根据自己的临床思想和治疗心得，勤于思考，注重实践，继承不泥古，创新不离宗，精心研制了许多中药方剂，其中有 16 个获得了山东省药品监督管理局的批准文号，占全院自制制剂的四分之一。这 16 个制剂分别是：治疗不孕症系列的地精调经丸、参鹿地黄丸、芪续理任丸；治疗妇科炎症的清热祛浊丸；治疗子宫异常出血的功血丸、芪术宁宫止血丸、凉血调经丸；治疗子宫肌瘤、卵巢囊肿、多囊卵巢综合征、输卵管阻塞、子宫内膜异位症的桂苓消癥丸；治疗原发和继发性闭经、月经过少、月经延迟的活血促经丸；治疗原发和继发性痛经的痛经丸；治疗胚胎发育迟缓、孕酮偏低、先兆流产、习惯性流产的安胎丸；治疗卵巢功能早衰、更年期综合征的经断调理丸；治疗男性不育、性功能障碍的男科生精胶囊、男科清热胶囊；调理亚健康的强身益体胶囊；治疗内、外、妇、儿各科疾病普遍存在的气虚血瘀状态的复方水蛭胶囊等。这些制剂或已取得国家专利，或获得省级、市级科技奖，或被评为泰安市中医医院十大名方。上述自制制剂疗效很好，深受群众欢迎，产生了良好的社会效益和经济效益。

名医寄语

坚韧不拔、治学严谨、吃苦耐劳、终身学习。

第十六章　郑绍周

　　郑绍周，男，1938年生，1964年毕业于河南中医学院中医系。河南中医药大学第一附属医院教授、主任医师，河南中医药大学硕士、博士研究生导师，第三批国家级名老中医。曾任河南省中药新药评审委员会委员、河南省急救医学会副主任委员、郑州市神经内科医学会副主任委员。1973年在广州中山医科大学进修学习，长期从事临床、教学和科研工作。擅长中枢神经系统脱髓鞘疾病（如多发性硬化、视神经脊髓炎、弥漫性硬化、脑白质营养不良等）、脑血管疾病（如脑梗死、脑出血、脑血栓形成、血管性痴呆、高血压脑病等）、周围神经疾病（如三叉神经痛、面神经麻痹等）、癫痫、运动神经元性疾病、格林－巴利综合征、头痛（如偏头痛、紧张性头痛、低颅压性头痛）、头晕、失眠等各种神经系统疾病。

　　郑教授是国家级名老中医、河南中医学院第一附属医院著名脑病专家，河南省中医事业终身成就奖获得者，国家中医药管理局急症脑病组河南分组组长、国家中风急症协作组河南分组长、河南省中医药学会急诊分会副主任委员，河南中医药大学第一附属医院脑病医院院长，并兼《河南神经疾病杂志》副主编。他的研究成果"舒络胶囊治疗缺血性脑卒中的临床与实验研究"获得河南省科技进步一等奖，"脑苏灵颗粒治疗出血性脑中风的临床与实验研究"获得河南省科技进步二等奖。他还撰写了《中风急症》《中医内科急症临床》《实用中风病大全》等著作。

名医之路——传千年绝技，承百年养生

访谈者： 郑教授，请问您是如何走上中医之路的？

郑绍周： 五岁那年，我得了腮腺炎，面颊肿得进食困难。当时虽然青霉素已问世，但由于家庭条件差，不知道能不能使用。几经周折，打了几天针后，仍然没有好转。后来遇到一个中医，他是中医世家，已经传承了三四代。他用一种黑灰色的细药面儿置于特制小壶中，随后贴在耳朵边，伸进去。别人扶着我的头不让我动，医生呼地一吹，那细药面儿就进到耳朵里了。医生对我说："听爷爷的话，回家好好喝药，苦也要坚持喝，要不然好不了更麻烦。"回去后，我用吸管喝了三天药，病就好了。从此，我对中医肃然起敬，想要探寻中医之道。

职业认同——学者须博极医源，精勤不倦

访谈者： 郑教授，您认为作为一个优秀的中医，需要具备哪些素质？

郑绍周： 第一是好的人品。一个优秀的中医要把心思放在患者身上。医生的首要任务是解决群众的身体疾苦。只要你是个好医生，别人就会记住你。我在临床上一旦解决了患者的实际问题，我会比患者还高兴。第二是总结学习经验。在实践过程中，要读好书，读好经典，总结前人的经验，注意前一代老师传承下来的经验，再结合临床，总结自己的临床经验。第三是学中医、爱中医、愿意投身中医事业。兴趣是学好一门学科的前提，也是贯穿学习过程的催化剂。只有不断对所学的内容产生兴趣，才能学好知识。

学成中医——勤求古训，博采众方

访谈者： 郑教授，请问您会如何建议您的学生走好中医之路呢？

郑绍周： 首先，中医学子要研读中医经典，要深入挖掘经典并加以提升，这是实现伟大抱负的第一步。其次，要将所学知识运用于临床实践，因

为实践是检验真理的唯一标准。在实践过程中，要反复锤炼知识，相互促进、相互吸收。最后，中医学子要端正学习态度、多向他人学习、借鉴他人的经验（包括患者的经验，也要多加参考），要从多方面收集信息，积累经验，充实自己的医学之路。

善治神经内科疾病——治外感如将，治内伤如相

访谈者： 郑教授，请问您在治疗脑病方面有哪些体会？有什么学术经验和思路可以向大家推荐？

郑绍周： 在治疗脑卒中、类中风方面，用益气活血和祛风的治疗大法效果还是相当不错的，尤其是针对缺血性脑卒中。我个人是不认可西医在脑出血时使用止血药的，我认为出血已经是离经之血，止血后可能会导致血肿，血液无法流通。中医强调要将离经之血引回经络，让血肿流通才能消除血肿，因此需要运用活血化瘀的方法。

访谈者： 郑教授，请问您认为中医在治疗传染病方面有哪些优势？

郑绍周： 我曾在医院的急诊科工作过。有一次流感暴发，一天有多达172名病号，由于我的医术出色，就被调到急诊科工作。那段时间我编了1号方（院内制剂）——麻黄汤加减，用于治疗太阳病，症状包括头痛、发热、身体疼痛、腰痛、关节疼痛、恶风、无汗而喘。这种情况下，麻黄汤是主方。2号方（院内制剂）是银翘散，用于清热解毒。当时我们把熬好的汤药装在大暖瓶里让患者在现场服药，两天两夜后，所有病号都痊愈出院。近年来的历次公共卫生事件中，中医都发挥了重要作用，并得到了广泛认可。其实，在历代传染病的治疗中，中医的作用都是不可磨灭的，贡献了许多像白虎汤、犀角地黄汤等经典方剂。

学术特色——崇德精术，博医济世

访谈者： 郑教授，请问您对中风、眩晕、多发性硬化及疑难杂症等疾病

的主要观点是什么?

郑绍周: 我认为在治疗缺血性中风时可以运用"补肾益气"法。在治疗血管性痴呆方面,我倡导"补肾、活血、化痰"的方法,并以"益气、补肾、活血、化痰"为主要治疗原则。我学术思想的核心是"肾虚痰瘀"。"肾虚"是疾病的根本原因,而"痰""瘀"是标志性的病理产物。补肾、化痰、活血是治疗中风、血管性痴呆、多发性硬化等多种疾病的基本方法。

医患交流——医德高尚暖人心,医术精湛传四方

访谈者: 您的老师平时工作十分细致严谨,您认为这种品质是如何养成的呢?

师承弟子: 我总结郑老师为四爱。

第一是爱患者。在从医 60 年的生涯中,他始终把患者放在第一位。退休后,他每周仍有 3 个门诊,几乎没有中断过,只有身体不好时才停诊。他总说:"外地来的患者都约了号,再取消就对不住人家。"给患者开药时,他总是尽量用便宜的药来解决问题,当然有些病确实需要贵重药,那也会同患者解释清楚。他总是从患者如何最大化获益的角度来制定治疗方案。此外,郑老师对患者的关爱不仅限于看病。中医学认为很多疾病与情志、饮食有关,郑老师在看完病后,总是不厌其烦地叮嘱患者在情志和饮食方面的注意事项。因此,上午门诊的结束时间经常是下午一两点。他对患者的关爱体现在每一个细节。

第二是爱中医事业。他常说:"医之为道,非精不能明其理,非博不能致其德。"在闲暇之余,他经常翻阅医学古籍,如《伤寒论》《金匮要略》《黄帝内经》等,反复钻研,每次都能有新的领悟。他认为只有这样,中医才能明其道,求其理,了玄机,精其妙。他常说:"不求医治天下病,但求不愧天下心。"

第三是爱学生。他基本不批评学生,他认为老师是一粒火种,这个火

种可以点燃学生对中医事业的热爱，也可以引亮学生在中医智慧的道路。作为老师，要给学生传道授业解惑，不断激励学生，通过临床实践带教学生，使他们能够坚守在中医岗位上。他爱才若渴，在门诊时毫无保留地向我们传授自己的经验和感悟。有的药吃完后可能会导致口干，这是好还是不好，郑老师会逐一为我们分析，把他所知道的毫无保留地传授给我们。

第四是爱朋友，他对朋友情深义重。提到过去的老朋友，他总是充满感情。有时候朋友的朋友生病了，给他打电话，他从不拒绝。现在高老师80多岁高龄了，有朋友打电话说自己的亲戚不舒服，请他看看，即使不是他的门诊时间，他也会安排时间接诊。

在行医方面，他非常敬业。在筹建急诊科的时候，听医院的前辈说，郑老师曾连续72小时在医院工作。家里有事了，郑老师就去处理一下，等处理完了又回科里继续工作。有时候患者没带够钱，郑老师就自己掏钱给患者，让他们去拿药。

传承发展——大医精诚，大爱无言，医者仁心，老骥伏枥，厚德敬业

访谈者： 从业这么多年以来，您对医学传承主要有哪些体会？

郑绍周： 我认为医生应具备拯救苍生的责任心、精业厚德的事业心、自信淡定的平常心，这"三心"是宝贵的，是后代中医人需要传承的。凡为医者，性情温雅，志必谦恭，动必礼节，举止和柔。医者仁术，圣人以之赞助造化之不及，所贵者，扶危救困，起死回生耳。省病诊疾，至意深心，详察形候，纤毫勿失。夫医者，非仁爱之士，不可托也；非聪明理达，不可任也；非廉洁纯良，不可信也。良医处世，不矜名，不计利，此其立德；挽回造化，立起沉疴，此其立功也。术日以精，怀日以虚；名日以高，行日以谨。

名医寄语

> 医之德至微，微则不能不深究。医之方至广，广则不能不小心。